U0588358

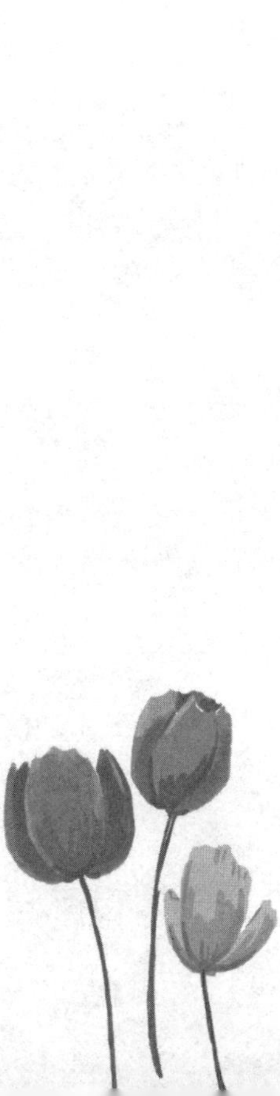

把自己活成一道光，
因为你不知道，
谁会借着你的光，
走出了黑暗。
请保持心中的善良，
因为你不知道，
谁会借着你的善良，
走出了绝望。

请保持你心中的信仰，
因为你不知道，
谁会借着你的信仰，
走出了迷茫。
请相信自己的力量，
因为你不知道，
谁会因为相信你，
开始相信了自己……
愿我们每个人都能活成一束光，
绽放着所有的美好！

——泰戈尔《用生命影响生命》

新时代教育高质量发展书系
XINSHIDAIJIAOYUGAOZHILIANGFAZHANSHUXI

# 有了爱就有了一切：生命的觉悟

夏晋祥◎著

中国大百科全书出版社　知识出版社

图书在版编目（CIP）数据

有了爱就有了一切：生命的觉悟 / 夏晋祥著. --
北京：知识出版社，2024.1
ISBN 978-7-5215-0981-6

I. ①有… II. ①夏… III. ①生命哲学—教学研究
IV. ① B083

中国国家版本馆 CIP 数据核字（2023）第 240676 号

**有了爱就有了一切：生命的觉悟**
**夏晋祥 著**

---

**出 版 人** 姜钦云
**出版统筹** 张京涛
**责任编辑** 朱金叶
**责任校对** 易晓燕
**责任印制** 李宝丰
**出版发行** 中国大百科全书出版社 知识出版社
**地　　址** 北京市西城区阜成门北大街 17 号
**邮　　编** 100037
**网　　址** http://www.ecph.com.cn
**电　　话** 010-88390725
**印　　刷** 北京飞帆印刷有限公司
**开　　本** 710 毫米 ×1000 毫米 1/16
**字　　数** 120 千字
**印　　张** 10.25
**版　　次** 2024 年 1 月第 1 版
**印　　次** 2024 年 1 月第 1 次印刷
**书　　号** ISBN 978-7-5215-0981-6
**定　　价** 50.00 元

---

版权所有 翻印必究

序言

# 让教育沐浴人性的光辉

教育是关乎千家万户的事业，任何一个社会，都需要教育思想的引领。时代在变，教育也在变。然而，变中也有“不变”，所以，我们要对教育进行哲学的思考，只有搞清楚了哪些需要变，哪些不能变，才能真正做好教育。而教育的本质是什么，什么是好的教育，理想的教育是什么样的，这些最基本的教育问题应是教育哲学思考的源头。只有弄清楚这些最基本的问题，我们才能找到正确的方向，办出有质量的教育。

教育是培养人的事业，是一个通过培养人让人类不断走向崇高、生活更加美好的事业。因此，教育最重要的任务是塑造美好的人性，培养美好的人格，使学生拥有美好的人生。如何达成这样的目标？那就需要一批有理想、有情怀、有追求、有实干精神的校长和教师，用自己的青春和智慧去践行。而在现实中，也确实有这样一群人，他们热爱教育事业，关爱每一个学生，一步一个脚印，用脚去丈量教育，用心去感受教育，用智慧去点亮教育。

如何将这样一群人聚在一起，用他们的智慧去影响更多的教师？

中国大百科全书出版社、知识出版社策划出版了“新时代教育高质量发展书系”，进行了可贵的探索。他们在全国范围内会聚了一群优秀的教育工作者，这些教育工作者大多是扎根教育一线的优秀校长和教师。书中的经验、实践、体会和思想，既有教学的艺术，也有管理的智慧；既有育人的技巧，也有师德的弘扬；既有教师的发展思考，也有校长的成长感悟；既有师生关系的融通之术，也有家校关系的弥合之道。每本书都有一个着力点，每一个点都是一门学问，一门艺术。

我今年给“新教育”的同人写过一封新年信，题目是“让教育沐浴人性的光辉”，从三个方面对教师的工作提出了建议。我也把这三条建议送给这套丛书的作者和读者朋友。

一是要善待我们自己。要珍惜时间，张弛有度，让人生丰盈；发现教师职业魅力，做一个善于享受教育生活的人；培养健康的爱好，做一个有生活情趣的人；与学生一起成长，做一个在教育过程中不断进取的人；不断挑战自我的最高峰，做一个创造自己生命传奇的人。

二是要善待学生。要把学生作为一个真正的人看待，让学生能够张扬自己的个性，发挥自己的潜能，成为更好的自己。在我们教室里的学生，首先是活生生的生命。我们应该从生命的角度考虑，首先是如何帮助他成为一个人，一个有理想、有激情、有智慧的人，一个能够适应社会并且受人欢迎的人，一个挖掘自身潜能、张扬不同个性的人。

三是要把教育的温暖传递给社会。许多问题，归根结底是教育的问题。尽管我们任何一个人，作为个体的力量都是有限的，但是，再渺小的个体，也能够温暖身边的人。所以，我们要让所有和我们相遇的人，都能够感受到我们的美好和温暖，这也是让人与人之间，让全社会变得更美好、更温暖的有效方式。

有人性的人是明亮的，有人性的教育是光明的。让教育沐浴人性的光辉，我们的今天将会更加幸福，我们的明天将会更加美好，我们的世界将会因此璀璨。

是以为序。

朱永新

2020 年 5 月 1 日

# 自序

我从小就是一个主体性比较强而社会性又比较不足的人。这种人一般比较自我、比较独立、比较喜欢按照自己的意愿行事，正因为这样，所以我从小就是一个特立独行、不怎么讨人喜欢甚至经常会被别人误解的人，以至于我在年轻时期，一直都在寻找更适合自己的环境和工作，从农村到城市、从老区到特区、从中国到美国、从学校到机关，又从机关到学校……一路漂泊，一路寻找，一路适应，走过千山万水，阅尽人间百态，经过千锤百炼，尽管步履蹒跚，跌跌撞撞，却一直朝着心中的梦想奋力前行……

我从小也是一个心中有“诗和远方”、喜欢读书、喜欢追求真理、不管前方道路多么崎岖艰险一直坚定前行的人。这种人一般比较看重精神、大局和长远，经常会在短期和眼前利益的追求上显得不积极，在物质利益面前显得清高，在处理一些具体的事情上显得迟钝或迂腐，总会在一些事情上吃眼前亏！当然这种人也有可取和可爱之处——他不会为眼前的一点蝇头小利而斤斤计较，不会为了生活中的一些小事而自寻烦恼，他愿意为了心中的理想，为了“诗和远方”而不断探索与追求……

我从小还是一个智商一般、情商却较低，不太善于协调各种复杂人际关系的人。这种人注重做事而常忽略人，讲究的是效率逻辑而不是情感逻辑，推崇的是做事做到极致而不是经营人际关系；以至于自己成了一个只知一心做事、不懂人情世故的人，一个对真善美有着无限热爱和追求，总相信人性美好、世界上没有坏人、单纯得非常可爱的人！导致自己尽管年轻时做了一些事，比如从大学二年级就开始公开发表作品，在大学读书时就有杂志约请我撰写文章，23 岁时撰写的揭示国民性的文章在香港《广角镜》发表，27 岁时公开出版了第一部著作等，但在社会生活方面，由于过于单纯和缺乏社会经验，以至于自己有时也会深受其害！

所幸的是，尽管有许多不足，但在经过了许多人生的挫折与痛苦后，没有去抱怨他人和社会，而是不断反思自己、内省自己、完善自己，一心向阳，不断成长！不断地反思、不停地内省，使自己不断地觉悟，也使自己的人生境界和认知水平不断提升。而一个人一旦觉悟了，最显著的特征是什么呢？就是大脑里可以同时存在两种截然相反的观念和思维；能够将个人与他人、理想与现实、理论与实践、物质与精神、短期与长期等关系，完美地结合起来、统一起来；能够客观公正、不偏不倚地看待一切人和事，却又丝毫不影响自己为人做事。这是一种极其强大的兼容能力和协调能力。而没有觉悟的人，他们的大脑里只能容纳一种思维或者观念，然后一辈子都在这个观念指导下生活，体现为单一的线性思维。其实一个人只要是单一性的思维或者观念，就不可能全面、客观地处理好面对的人和事，只能片面地、绝对地、感性地对待自己身边的一切。因为世界是丰富多样的，只有一个角度、一种思维，就很容易形成偏见，让自己封闭起来。唯有两种截然不同的观念和思维并存才是优秀的、健康的，就好像太极图同时能够包容黑和白，并且让黑和白保持对立且和谐统一一样。所以看一个人是否真正觉悟，就是要看他能不能在自己的头脑中同时存在两种截然相反的观念或想法，还同时能够维持正常的行事能力。比如，一个真正觉悟的人，是可以同时具备出世的智慧和入世的手段。什么叫出世的智慧呢？就是能够跳出凡尘俗世的羁绊，能够真正站在一个更高的维度去看当前的现实问题，这就是出世的智慧。什么叫入世的手段？就是无论人生境界和认知思维上升到什么阶段，都随时可以躬身入局、融入凡世，在生活和各种社会实践活动中如鱼得水，这是一种舍我其谁的魄力，更是一种灵活的兼容协调能力！

自我觉悟的过程，不仅在自己的人生成长中、生活实践中进行，也在自己的工作实践中开展。我大学毕业以后，绝大部分时间都是在高校从事思想政治理论课的教育教学工作。在教育教学实践中，我不仅需要大量地阅读理论性书籍与文章，不断提高自己的认知水平、思想境界，还需要学习许多先进人物的先进事迹。我有时非常理性，有时又是一个非常感性的人，看了或听了这些先进人物的先进事迹，常常感动莫名、潸然泪下……从这些先进人物的先进事迹中，我学到了许多做人做事的道理，体会到了自己和先进的差距。对于他们的崇高境界和感人事迹，我内心充满深深的崇敬与佩服。“虽不能至心向往之”，从他们身上，我对人生的意义与价值、人应该为什么而活着、人应该怎么样活着等这些人生的根本性问题产生了新的想法、新的觉悟。

呈现在你面前的这本小册子，就是我经历人生几十载后内心的真实想法和看法，是历经磨难和风雨后的觉悟，是过来人对未来人一份饱含深情的叮咛，是上一辈对下一辈的忠告！希望我的这份真心、真诚、真情，能够对年轻的你，有所帮助、有所启迪、有所警醒！也希望天底下所有的人，在坚守法律和道德底线的基础上，想你所想、做你想做、爱你所爱，努力提升自己、完善自己，使自己成为一个主体性和社会性完美统一的人，成为一个立足自我、胸怀天下、志存高远、脚踏实地、一心向阳、不断成长的、立于天地之间的、有情有意有抱负的、大写的人！这是我的期待，也是我深深的祝愿！

夏晋祥

2022 年 11 月 22 日星期二于深信校园

# 目录

# 一 人生的意义和价值究竟是什么

人生的意义和价值究竟是什么，一千个人会有一千个答案！但归纳起来，人生的意义和价值可以分为三种：奉献、自私和索取！

我们下面用一个模式来概括这三种不同的人生价值及其行为方式，通过这种模式可以直观地了解每一种人生价值及其行为特征。

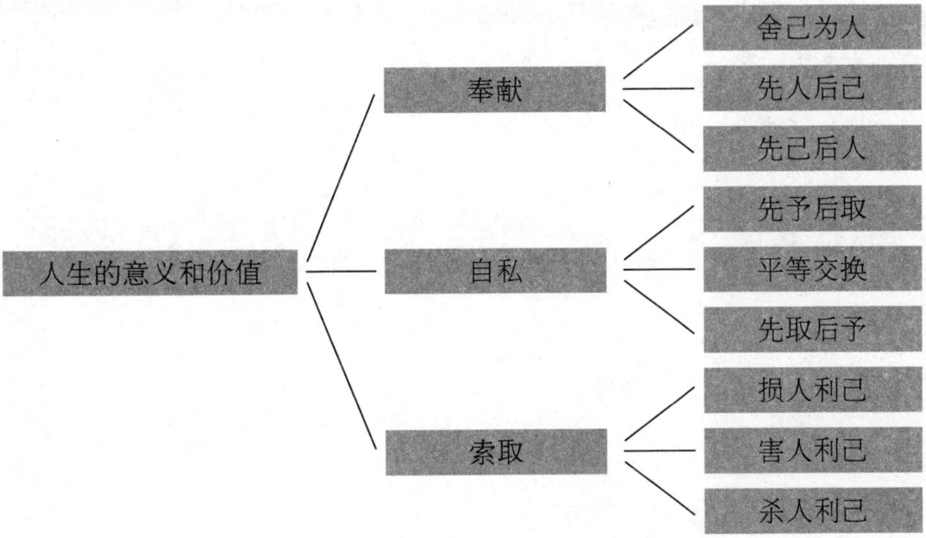


从上图可以看出，评判人生的意义和价值的根本标准，就是看一个人在处理个人和他人各种利益关系时所持的各种态度、立场和手段。人生价

值追求高的个人、团体或组织，总是把他人、社会、国家甚至人类的利益放在个人利益之上；与此相反，人生价值追求低的个人、团体或组织，却总是把个人或团体的利益放在他人和社会、国家的利益之上，甚至为了个人利益可以不顾一切、不择手段。

历史与现实都告诉我们，世界是公平的、人生是辩证的，从宏观、一般、历史的角度来看，人在得到与失去之间、付出与回报之间、耕耘与收获之间，总体上是平衡的。自私自利心里只有自己的人、越想得到的人可能越得不到；心中有他人、无私奉献的人，他可能得到的是全世界人们的热爱。正如诗人臧克家在他的《有的人——纪念鲁迅有感》一诗中所写：

有的人活着，
他已经死了；
有的人死了，
他还活着。
有的人
骑在人民头上："呵，我多伟大！"
有的人
俯下身子给人民当牛马。
有的人
把名字刻入石头想"不朽"；
有的人
情愿作野草，等着地下的火烧。
有的人

他活着别人就不能活；

有的人

他活着为了多数人更好地活。

骑在人民头上的，

人民把他摔垮；

给人民作牛马的，

人民永远记住他！

把名字刻入石头的，

名字比尸首烂得更早；

只要春风吹到的地方，

到处是青青的野草。

他活着别人就不能活的人，

他的下场可以看到；

他活着为了多数人更好活的人，

群众把他抬举得很高，很高。

从我们党的初心与使命，从我们党百年苦难与辉煌的历程中也可以知道这种辩证关系。中国共产党成立之初只有50多名党员，中共一大代表只有13人。走过百年苦难与辉煌，今天已成为一个拥有9800多万党员的世界第一大党。中国共产党之“大”，不仅在于其人数之多、规模之大，更在其百年成就之伟大。中国共产党是如何做到从小到大、由弱变强，经历重重磨难却不断发展壮大并取得伟大成就的呢？最根本的原因，在于其初心和使命是为中国人民谋幸福，为中华民族谋复兴，得到了人民广泛而坚定的支持和拥护。中国共产党又是如何得民心从而得天下的呢？其中最根本的原因就是，中国共产党始终代表最广大人民的根本利益，却没有任何自己的特殊利益，也从不代表任何利益集团、任何权势团体、任何特权阶层的利益。一句话，中国共产党是一个无私的党。“我将无我，不负人民”，就是对中国共产党人无私品格最生动的写照。正是以其全心全意为人民服务的“无私”，中国共产党人赢得了人民的心，从而深刻改变中华民族发展的方向和进程、深刻改变中国人民和中华民族的前途和命运、深刻改变世界发展的趋势和格局。在成就人民和国家、民族的同时，也成就了自己！

一个政党、一个组织如此，一个人的发展亦如此。在西方文化传统中，自私乃人之本性，是社会发展的原始动力。私欲确实是一种强大的内驱力，但它也可能成为蒙蔽双眼、束缚心灵乃至扭曲人性、分裂集体与社会的病毒。一个无私的人，越能得到他人的支持和拥护，一切资源都会向他涌来，更能成就一番事业；而与此相反，一个自私自利的人，他可能暂时能得到一些利益，但他失去的是人心，是大家的支持和拥护！《道德经》有曰：“天地所以能长且久者，以其不自生，故能长生，是以圣人后其身而身先，外其身而身存，以其无私，故能成其私。”以无私而成其私，蕴含着中华文明的深刻智慧。我们要从这些辩证关系中、从中华民族的传统智慧中吸取营养，形成自己科学正确的人生观、价值观。

然而，世界上总有一些人，他们总希望多得到少付出甚至不付出，希望收获丰硕尽量少洒汗水，殊不知，没有付出哪里会有真正的收获，没有辛勤地耕耘哪里有真正的得到！我们有时只看到物质的收获，却没有看到比物质收获重要得多的精神收获、心智成长！而人的心智成长、健全人格就是通过在实践中的一次次摸爬滚打、一次次刻骨铭心、一次次流血流泪，而变得丰富、坚强！不经历风雨，怎能见彩虹；没有努力的艰辛、挫折的痛苦、求索的漂泊，哪里会有胜利时的激奋、庆祝时的高歌、成功时的辉煌！

人生的意义和价值在于奉献而不是索取，如果你是一棵大树，就洒下一片阴凉；如果你是一泓清泉，就滋润一片土地；如果你是一棵小草，就增添一份绿意；如果你是一朵鲜花，就装点一分春色；如果你是一颗星星，就点亮夜空；如果你是一片云彩，就化作滴滴甘霖……即使我们只是一滴水，也应该在生命的旅途中作叮咚的脆响；即使我们只是一支蜡烛，也应该“蜡炬成灰泪始干”；即使我们只是一只春蚕，也应该“春蚕到死丝方尽”；即使我们只是一片树叶，也应该“化作春泥更护花”；即使我们只是一根火柴，也要在关键时刻有一次闪耀；即使我们只是一颗星星，也要在黑暗中闪出自己的光芒……积极奉献吧，他人会因为你的到来而变得欢乐，家庭会因为你的到来而变得温暖，社会会因为你的到来而变得精彩，世界会因为你的到来而变得光明，如果是这样，你将无愧于自己、无愧于社会、无愧于这个伟大的时代！

## 二　从苏东坡名为《自题金山画像》的诗中，你觉悟到什么

“心似已灰之木，身如不系之舟。问汝平生功业，黄州惠州儋州。”

这首诗是“唐宋八大家”之一、北宋时代著名词人苏东坡临终前在从流放地海南儋州回朝廷复命途经真州（今江苏省仪征市）金山寺时，看到自己的画像，百感交集，留下的一首绝命诗。这首诗可以说是苏轼对于自己一生的总结，同时也是对他晚年心境的概括。当时苏轼已经65岁，这位年迈的老人拖着病躯，本打算北上回到北方首都开封复职，却最终未能如愿。两个多月后，苏轼病逝于常州。

这首诗从字面上很好理解，是说自己心早已经死了，但身体却“如不系之舟”还在漂泊、颠沛流离。问自己一生做了什么，建立了什么功业，确实没有，要说有的话，也就是在被贬的地方，即黄州、惠州、儋州做了一点事。

苏轼，字子瞻，一字和仲，号铁冠道人、东坡居士，世称苏东坡、苏

仙、坡仙，汉族，眉州眉山（今四川省眉山市）人，祖籍河北栾城，北宋文学家、书法家、画家，历史治水名人。

在嘉祐二年（1057年），苏轼参加殿试中乙科，赐进士及第（一说赐进士出身）。嘉祐六年（1061年），应中制科入第三等，授大理评事、签书凤翔府判官。宋神宗时曾在杭州、密州、徐州、湖州等地任职。元丰三年（1080年），因"乌台诗案"被贬为黄州团练副使。宋哲宗即位后任翰林学士、侍读学士、礼部尚书等职，并出使杭州、颍州、扬州、定州等地，晚年因新党执政被贬惠州、儋州。宋徽宗时获大赦北还，途中于常州病逝。宋高宗时追赠"太师"；宋孝宗时追谥"文忠"。

苏东坡曾被宋仁宗赵祯称赞为具有"太平宰相"之才，在诗、词、散文、书、画等方面取得了很高成就。文纵横恣肆；诗题材广阔，清新豪健，与黄庭坚并称"苏黄"；词开豪放一派，与辛弃疾同是豪放派代表，并称"苏辛"；散文著述宏富，豪放自如，与欧阳修并称"欧苏"，为"唐宋八大家"之一。苏轼善书，为"宋四家"之一；擅长文人画，尤擅墨竹、怪石、枯木等。李志敏评价："苏轼是全才式的艺术巨匠。"

苏东坡有才能干，主政过许多地方，出任过高官。但说起自己的平生功业时，却说是在自己被贬的三个地方建立的，初看确实是让人难以理解。但是当你了解了苏东坡的人生、了解了他的胸怀与人格、了解了他的执着与追求时，也就了解了他的人生意义与价值。

苏轼出身书香门第官宦家庭，他的父亲苏洵就是一位了不起的文学家，并在朝为官。苏轼年轻时便才华出众，受到欧阳修等文坛巨擘的青睐，后来考中北宋特招的"制科"，可谓风光无限。

但是苏轼的仕途十分不顺利，先是因为写诗抨击新政，得罪了皇帝宋神宗，引发了“乌台诗案”，被贬黄州。后来，苏轼又被贬惠州、儋州。这就是苏轼诗中所说的意思，“黄州惠州儋州”其实是他后半生被贬职流放的地名。

尽管仕途坎坷，但苏轼并没有颓废萎靡，他在黄州、惠州、儋州等地都曾为民留下许多善政。

苏东坡被贬黄州后曾多次到黄州城外的赤壁山游览，写下了《赤壁赋》《后赤壁赋》和《念奴娇·赤壁怀古》等千古名作，以此来寄托他谪居时的思想感情。于公余便带领家人开垦城东的一块坡地，种田帮补生计。“东坡居士”的别号便是他在这时起的。

绍圣元年（1094 年），苏轼被贬为远宁军节度副使，惠州（今广东省惠阳区）安置。年近六旬的苏轼，日夜奔驰，千里迢迢赴岭南，受到了当地百姓热情的欢迎。苏轼把皇帝赏赐的黄金拿出来，捐助疏浚西湖。钱不够，苏东坡又动员弟弟苏辙捐款，还不够，甚至还动员弟媳拿出压箱底的私房钱来，最终在惠州西湖修了一条长堤。人们为此欢庆不已，“父老喜云集，箪壶无空携，三日饮不散，杀尽西村鸡”。如今，这条苏堤在惠州西湖入口处，像一条绿带，横穿湖心，把湖一分为二，右边是平湖，左边是丰湖。

绍圣四年（1097 年），年逾六旬的苏轼被一叶孤舟送到了荒凉之地海南岛儋州（今海南省儋州市）。据说在宋朝，放逐海南是仅比满门抄斩罪轻一等的处罚。面对如此残酷的人生境遇，苏东坡没有颓废，相反他把儋州当成了自己的第二故乡，“我本儋耳人，寄生西蜀州”。他在这里办学堂，兴学风，以致许多人不远千里，追至儋州，从苏轼学。在宋代 100 多年里，海南从没有人进士及第。但苏轼北归不久，这里的姜唐佐就举乡贡。为此苏轼题诗：“沧海何曾断地脉，珠崖从此破天荒。”人们一直把苏轼看作儋州文化的开拓者、播种人，对他怀有深深的崇敬。在儋州流传至今的东坡村、东坡井、东坡田、东坡路、东坡桥、东坡帽等，都表达了人们的缅怀之情，连语言都有一种“东坡话”。

人生的意义与价值究竟是什么，从这首诗中，我们了解了苏东坡的坎坷人生，了解了苏东坡的人生追求，就是，一个人的人生的意义与价值，不是你做了多大的官，也不是你积累了多少财富，而是不管自己身在何处，不管自己的职位如何，也不管自己是逆境顺境，总是要做点事，总是要做点对他人、对社会、对国家有益的事，能够造福一方，利益社会，一心向阳，不断成长。只有这样，自己的人生才有了真正的意义和价值，自己的人生才能够更充实、更完美、更精彩！

# 三　人应该为什么活着

人应该为什么而活着，这是一个古老又常新的问题，不同的人会有不同的回答。

西汉著名史学家、文学家司马迁在他的《史记》第一百二十九章“货殖列传”中说道“天下熙熙，皆为利来，天下攘攘，皆为利往”。在这里，司马迁直截了当地告诉我们，世界上的人都是为了利益、钱财活着的。古语中“人为财死鸟为食亡”说的也是这个意思。

事实上，从古到今从中到外，都有人为了利益，不顾一切！马克思就有一段“名言”来形容资本家追逐利润的贪婪：“一有适当的利润，资本就会非常胆壮起来。只要有10%的利润，它就会到处被人使用；有20%，就会活泼起来；有50%，就会引起积极的冒险；有100%，就会使人不顾一切法律；有300%，就会使人不怕犯罪，甚至不怕绞首的危险。”我们国家自从实行改革开放、市场经济以来，也有一些人为了一己之私，不顾法律道德，不顾亲情友情甚至不惜生命，贪婪行贿受贿、非法制假造假甚至谋财害命……

也有人为了权力活着！历史上唐朝的武则天算得上是非常典型的一位。武则天为了争权夺利，为了巩固她的统治，她可以将亲情、爱情全部抛诸脑后。根据史书记载，单是至亲，武则天就前后杀死了一个女儿、两个儿子、四个哥哥、两个姐姐、一个亲甥女，而这一切，只不过是为了争宠争权，实现她的皇帝梦。据说早在武则天身为唐太宗才人的时候就发生过一件事情：西域进贡给唐朝一匹宝马，但性情暴烈，许多年轻力壮的骑士都驯服不了它，骑术精湛的唐太宗还曾被它掀翻在地。大家束手无策之时，只见武则天拨开人群，站出来自请驯马。她说："臣妾只需三样东西：一铁鞭，二铁锤，三匕首。先用铁鞭子打得它皮开肉绽；还不听话，就用铁锤敲它的脑袋；如果还不能制服它，就干脆用刀子割断它的喉咙。"唐太宗从未见到过如此心狠手辣的女人，不由得暗暗对她有了戒心。

高宗时期武则天刚生下一个女儿，长得伶俐可爱，高宗疼爱无比，王皇后自己没有生育，也非常喜欢这个孩子。一天，王皇后来到武则天房里看望她，武则天假装亲热地与王皇后聊天，瞅机会让宫女把小公主抱来，王皇后高兴地逗引着孩子玩，一直等孩子睡着，才起身离去。王皇后刚走，宫女报告说皇帝要来，武则天一看千载难逢的良机来了，于是一狠心将亲生女儿扼死在襁褓里，然后将被子盖好。高宗进来掀开被子，见女儿暴死，忙问刚才谁来过，武则天哭着说只有王皇后来过。高宗悲愤交加，于是下诏废掉王皇后，立武则天为皇后。当上皇后之后，武则天便把自己的四个兄长一一提拔起来。不想四个亲哥哥并不认同她的做法，而是责怪武则天搞乱了朝政。武则天大怒，于是把他们发配到边地，并在途中逼迫其中两个哥哥自杀，另两个也险遭毒害。

武则天的亲姐姐韩国夫人丧夫，带着女儿来到宫中。高宗见后将美貌的母女俩一并收入后宫，就有点冷淡武则天了。武则天好不容易登上皇后宝座，独占恩宠，怎容别人与她分享？过了一个月，韩国夫人忽然莫名其妙死了。高宗怀疑是武则天干的，但又找不到证据，只好小心翼翼地保护好韩国夫人的女儿魏国夫人。不久，武则天那两个幸免于难的哥哥进宫朝圣，武则天在后宫设宴招待，在座的还有高宗和魏国夫人。武则天在哥哥送来的鱼里下了毒，结果魏国夫人吃后当场七窍流血而死。武则天马上拍案而起，诬赖哥哥送来的鱼有毒，立刻命侍卫把他们推出去斩了。她这是一箭双雕：既除掉了眼前的情敌，又把有可能反对她的哥哥也收拾了。

高宗晚年身体病弱，想把皇位传给武则天，无奈群臣们坚决反对。高宗不敢激怒武则天，只好把帝位传给她的亲生儿子李弘，但武则天不甘心即将实现的皇帝梦被人搅坏，哪怕他是自己的亲儿子，于是一杯毒酒毒死了李弘。后来高宗立武则天的次子李贤为皇太子，并令李贤监国，武则天又先下手为强，把李贤逼死。高宗一死，武则天一手遮天，中宗和睿宗先后都只象征性地当了55天和半年的皇帝，便被武则天废掉，她自己革唐为周，当上了女皇帝。

其实，利益和权力等外在于人的东西都是工具和手段，人自身才是我们的目的，正如马克思所说“人是人的最高目的”。不管是从历史和现实来看，有许多人都没有活明白想明白，把利益和权力这些工具和手段当成了目的，把工具性的目标当成了根本的目标，所以才导致了社会上的种种问题！而实际上我们应该把自己当成最根本的目的，去享受前人和我们自己所创造的各种物质和精神的财富。因此，“为情和爱活着”，应该成为时代的强音！

那么，什么是爱呢？爱是指喜欢到很深的程度，人为之付出的感情，是指人类主动给予的或自觉期待的满足感和幸福感。

爱是人的精神所投射的正能量。是指人主动或自觉地以自己或某种方式，珍重、呵护或满足他人无法独立实现的某种人性需求。包括思想意识、精神体验、行为状态、物质需求等。爱的基础是尊重。所以，爱是一种发自内心的情感，是人对人或对某个事物的深挚感情。这种感情所持续的过程也就是爱的过程。通常多见于人与人或人与事物之间。爱是认同、喜欢的高度升华，不同层次的爱对应着不同层次的感受或结果。

“为情和爱活着”这种人生观就成了真正的有意义的人生指引——引导人们去欣赏和享受人类的精神文化遗产并构筑自己的精神家园，引导人们去过道德的、善的生活，培养人们的高尚情怀、积极价值和一心向阳、不断成长的内在动力！而“为权钱而活”体现为一种外在的目的，忽视了最根本的人，使高贵的人只成为被奴役、被利用的社会的工具和手段。社会的发展和本真的人生意义要求我们关注人，关注生命的价值与尊严，以人为本，要“为情和爱活着”。

## 四　人生应该怎样活着：活出本真的自己！

徐凯文是北京大学副教授、临床心理学博士、精神科主治医师、北京大学心理健康教育与咨询中心副主任，他最近在一篇文章《北大四成新生认为活着人生没有意义，甚至已经放弃自己》中写道：

> 一个现象近年来越来越突出——非常优秀的年轻人，成长过程中没有明显创伤，生活优渥、个人条件优越，却感到内心空洞，找不到自己真正想要的东西，就像漂泊在茫茫大海上的孤岛一样，感觉不到生命的意义和活着的动力，甚至找不到自己。北大一年级的新生，包括本科生和研究生，其中有 30.4% 的学生厌恶学习，或者认为学习没有意义，还有 40.4% 的学生认为活着的人生没有意义，我现在活着只是按照别人的逻辑这样活下去而已，其中最极端的就是放弃自己。

在该文中徐老师还列举了许多活生生的案例，他写道：

> 这是我曾遇到过的一个个案。非常优秀的学生，以他的智

力、性格、情商，完全可以成为一个优秀的科学家、优秀的学者。但是我们和他的父母，和他所有的老师一起努力了四年，最终还是没有能够让他真正好转起来。

这样的个案，我在过去三四年中经历了很多，而且越来越多，让我想到一个词，叫作“空心病”。

“空心病”是什么意思呢？我征得一些典型个案来访者的同意，把他们写给我、说给我的一些话，念给大家听：

我感觉自己在一个四分五裂的小岛上，不知道自己在干什么，要得到什么样的东西，时不时感觉到恐惧。19 年来，我从来没有为自己活过，也从来没有活过。

一位高考状元在一次尝试自杀未遂后这样说道：

学习好工作好是基本的要求，如果学习好，工作不够好，我就活不下去。但也不是说因为学习好，工作好了我就开心了，我不知道为什么要活着，我总是对自己不满足，总是想各方面做得更好，但是这样的人生似乎没有头。

这是又一个同学的描述。这样的例子还有很多很多：

我的世界是一个充满迷雾的草坪，草坪上有井，但不知道在何处，所以有可能走着路就不小心掉进去了，在漆黑的井底我摔断了腿拼命地喊，我觉得我完全没有自我。这一切好难。

他们共同的特点，就像他们告诉我的：徐老师，我不知道我是谁，我不知道我到哪儿去了，我的自我在哪里，我觉得我从来没有来过这个世界，我过去 19 年、20 多年的日子都好像是为别人在活着，我不知道自己是要成为什么样的人。

……

这些考试、学习成绩都非常优秀的学生，是全国人们心目中的“天之骄子”，他们是目前人生的大赢家，却在人生都还没有真正开始的时候，就觉得人生没有意义，甚至去选择了断人生，这背后的根源到底是什么？

生命的价值与意义究竟是什么，无数的先哲都进行过思考与探索，不同的人也有不同的答案，有享乐人生观，也有拼搏人生观；有索取人生观，也有奉献人生观……每个人都有自己的人生活法，但有一点是共同的，那就是，人生要有意义，一定是要过自己想要的人生，按照自己的意愿去活，活出本真的自己，活出精彩的自己！

而现在的许多孩子，也包括上面提到的那些学业成绩非常优秀的孩子，从小就被要求听话，从小就被父母和教师安排着，从来就没有按照自己的内心来生活。于是，听话就是“乖孩子”，就有奖励，妈妈就喜欢，教师也欣赏；不听话就是“坏孩子”，就有惩罚，妈妈就不喜欢，教师也嫌弃。在这样的萝卜棒子政策下，小小年纪的他们，压抑自己内心真实想法，为了讨好父母和教师而变得乖巧。而在这个过程中，他们丧失了独立思考的能力，丧失了坚定说出自己想法的勇气，永远处在被动接受他人安排的位置。却从来没有真正问过自己："这些是我想要的生活吗？"以至于长大以后，他们有强烈的孤独感和无意义感，这种孤独感来自好像跟这个世界和周围的人并没有真正的联系，所有的联系都变得非常虚幻。更重要的是他们不知道为什么要活着，他们也不知道活着的价值和意义是什么。他们通过自己的努力是取得了非常优秀的成绩和成就，他们似乎很多时间都是为了获得这种成就感而努力地生活、学习和工作。但是当他们发现所有那些东西都得到的时候，内心还是空荡荡，就有了强烈的无意义感。

其实，无论是学习、工作，抑或生活，无论是亲情、友情，抑或爱情，我们都可以摒除周遭繁杂的干扰，当好独一无二的主角，活出本真的自己，活出精彩的自己！只有这样，我们才会有和别人不一样的人生，才能够活出自己觉得有意义的、精彩的人生！

# 五 积极乐观地面对人生

先给大家讲两个民间故事：第一个说的是，古时候有位秀才第三次进京赶考，住在一个经常住的店里，考试前两天，他做了三个梦。第一个梦是梦到自己在墙上种白菜，第二个梦是下雨天他戴了斗笠还打伞，第三个梦是梦到跟心爱的女子脱光了衣服躺在一起，但是却背靠着背。

这三个梦似乎有些深意，秀才第二天就赶紧去找算命先生解梦。算命先生一听，连拍大腿说，你还是回家吧，你想想，墙上种菜不是白费劲吗？戴斗笠打伞，不是多此一举吗？跟心爱的女子在一起都脱光了，躺在一张床上了，却还是背靠背，不是没戏吗？秀才一听，心灰意冷，回店收拾包袱准备回家。

店老板非常奇怪，问道，不是明天才考试吗？今天你怎么就回乡了？秀才如此这般说了一番。店老板乐了，我也会解梦的，我倒觉得你这次一定要留下来。你想想，墙上种菜不是高种吗？戴斗笠打伞不是说明你这次有备无患吗？跟你心爱的女子脱光了背靠背躺在床上，不是说明你翻身的时候就要到了吗？秀才一听觉得更有道理，于是精神振奋地参加考试，竟然中了个探花。

第二个故事，说的道理也差不多。是说从前有两个秀才进京赶考，半路上碰到了一支出殡队伍，看到那一口黑乎乎的棺材。其中一个考生心里立即“咯噔”一下，心想：完了，真触霉头，赶考的日子，碰到这么晦气的场面，为此他心情一落千丈，走进考场，那黑乎乎的棺材一直挥之不去，结果文思枯竭，果然名落孙山。另一个秀才同时也看到了这口棺材，一开始心里也“咯噔”了一下，但马上转念一想：“棺材”！那不就是有“官”有“财”吗，好兆头啊，看来鸿运当头了，一定高中！于是心里十分兴奋，情绪高涨，走进考场，文思如泉涌，果然一举高中。他们回家之后，两人都对家人说，那棺材真的好灵验啊。遇到同一件事，他们的结果为什么会不一样呢？就是因为他们的观念不一样，以及他们对生活的态度不一样。不同的人生态度就会有完全不同的思想，完全不同的思想会导致完全不同的行为，最后会导致完全不同的结果。心若改变，你的态度跟着改变；态度改变，你的习惯跟着改变；习惯改变，你的性格跟着改变；性格改变，你的行为跟着改变；行为改变，你的人生跟着改变。

思想观念和思维方式决定了一个人的命运和前途。现在我们就来看看消极悲观的人和积极乐观的人的思维方式有何不同。乐观的人总是把事物的好处看得多；悲观的人总是把事物的坏处看得多。消极的人碰到困难时总是说我办不到；积极的人碰到困难时却总是想，我怎么才能办得到呢？看问题的角度消极的人，看到的问题觉得好难，处理不了啊；积极的人认为办法总是比困难多。消极的人总是说不行，总说这个不能做；积极的人却总是认为，没人这么做就是机会呀。

对待财富也是一样的。我就是穷苦命，这是消极的人的一贯想法；积极的人总是认为，只要有机会，或者我一定能够创造机会，我一定会改变命运。对于人生，消极的人总是认为算了，多做多错；积极的人总是认为怎么样做才能更积极。面对机会，消极的人总是说，怎么机会还不来找我啊？积极的人总是说，不断努力别让机会跑了！

所以我们应该有积极乐观的人生态度，只有热爱生活的人才能真正拥有生活。乐观豁达、热爱生活，对人生充满自信，也体现了自己对生活对社会的积极态度，这种态度是人们承受困难和挫折的心理基础。人生是丰富多彩的，生活中既会收获成功体验快乐，也会面临各种矛盾和问题。人生旅途中许多事情不会总是尽如人意、一切顺遂，也会有失望和暂时的困难和挫折。我们要始终保持乐观向上的人生态度，不能因为社会暂时没有满足自己的期望，或者遇到困难和挫折就消极悲观、畏难退缩，甚至颓废堕落、自暴自弃。要相信生活是美好的，前途是光明的，遇事要想得开，做人要心胸豁达。在生活实践中不断调整心态，磨炼意志，形成乐观向上的人生态度！积极在生活实践中想好的、看好的、听好的、说好的、做好的，最终你一定会得到好的。而与此相反，如果你总是思想陈旧落后、情绪消极悲观、习惯畏难退缩、行为颓废堕落，最后你不可能会有精彩的人生。

# 六　想你所想、做你想做、爱你所爱

有一首歌《致独一无二的你》，歌词是这样的：

记得不要活在别人眼里，而要活在自己心里，该坚强就坚强该善良就善良，想哭的时候就放声哭泣！

记得不要在乎别人非议，要习惯性选择忘记，把所有冷眼嘲笑都当作一种鼓励，就不会觉得有多委屈。

无所谓平凡与伟大，这世界赐我们独一无二的你，你所有的努力，就是成为自己，这比什么都有意义！

要记得麦田和远方，还有你那再也回不去的故里，要珍惜每个人陪伴或是偶遇，永远知道心存感激。

歌词不多不长，却把生命的意义和价值说得很透彻很全面！人这一生，首先是在主体性方面，要充分发挥自己的主动性、积极性和创造性，做一个独立自主的我，“你所有的努力，就是成为自己，这比什么都有意义！”；其次在社会性方面，尊老爱幼，诚实为人，“该善良就善良”“要珍惜每个人的陪伴或是偶遇，永远知道心存感激”。同时，一个人生活在社会中，不如意事十之八九，“该坚强就坚强”“把所有冷眼嘲笑都当作一种鼓励”，朝着自己心中的梦想，不断前行。最后，生命的成长，就是在主体性方面不断提升自己的主体性、独立性和创新性；在社会性方面不断完善自己的社会性、依赖性与继承性。完美的人生，就是主体性和社会性的完美统一。

人生就是要做自己，在守住社会的道德底线和法律底线后，幸福就是想你所想、做你想做、爱你所爱！活出本真的自己，活出精彩的自己！只有这样，我们才会有和别人不一样的人生，才能够活出自己觉得有意义的、精彩的人生！

# 七 真善美，人生的自我需要

1963年，一位叫玛莉·班尼的女孩写信给《芝加哥论坛报》，因为她实在搞不明白，为什么她帮妈妈把烤好的甜饼送到餐桌上，得到的只是一句“好孩子”的夸奖；而那个什么都不干，只知捣蛋的戴维（她的弟弟），得到的却是一个甜饼。

她想问一问无所不知的西勒·库斯特先生：上天真的是公平的吗？为什么她在家和学校，常常看到一些像她这样的好孩子被上天遗忘了。

西勒·库斯特是《芝加哥论坛报》儿童版栏目的主持人，十多年来，孩子们有关“上天为什么不奖赏好人，为什么不惩罚坏人”之类的来信，他收到不下千封。每当拆阅这样的信件，他的心情就非常沉重，因为他不知该怎样回答这些提问。正当他对玛莉小姑娘的来信不知应该如何回答是好时，一位朋友邀请他参加婚礼。也许他一生都该感谢这次婚礼，因为就是在这次婚礼上，他找到了答案，并且这个答案让他一夜之间名扬天下。

西勒·库斯特是这样回忆那场婚礼的：牧师主持完仪式后，新娘和新郎互赠戒指，也许是他们正沉浸在幸福之中，也许是两人过于激动，两人阴错阳差地把戒指戴在了对方的右手上。牧师看到这一情节，幽默地提醒：“右手已经够完美了，我想你们最好还是用它来装扮左手吧。”

西勒·库斯特说，正是牧师的这一幽默，让他茅塞顿开。右手成为右手，本身就非常完美了，是没有必要把饰物再戴在右手上了。那些有道德的人，之所以常常被忽略，不就是因为他们已经非常完美了吗？后来，西勒·库斯特得出结论：上帝让右手成为右手，就是对右手最高的奖赏，同理，上帝让善人成为善人，也就是对善人的最高奖赏。

西勒·库斯特发现这一真理后，兴奋不已，他以《上天让你成为好孩子，就是对你的最高奖赏》为题，立即给玛莉·班尼回了一封信。这封信在《芝加哥论坛报》刊登之后，在不长的时间内，被美国及欧洲一千多家报刊转载，并且每年的儿童节他们都要重新刊载一次。

我们曾经对恶人迟迟得不到报应感到迷惑不解。现在我们终于明白，“让恶人成为恶人，就是上天对他们的惩罚”。其实，世界就是一面巨大的回音壁。你怎样对待世界，世界就怎样反馈你。你如何对待别人，别人就如何回报你；你付出的是真善美，你未来收获的也将是真善美；你播下的是假丑恶，你必定是恶有恶报！

真善美，人生的自我需要！让自己成为好人，不仅是社会的需要，更是个人自我成长的需要！因为世界上每个人都想成功，而要获得成功，你就必须付出，必须坚持，必须得到他人和社会的认同和肯定，而这些都要求你必须是一个有责任担当、愿意付出所有“爱”的人，只有让自己成为“爱”，一切才会向你涌来，正如西方的一则寓言故事所说的那样：爱来了，一切都会向你涌来！

三个白须飘然的老人坐在妇人家院前歇脚，三人中，一个是“财富”，一个是“成功”，一个是“爱”。妇人邀请他们进屋坐坐，三个老者笑呵呵地谢了她，身子却没动。

妇人惑然。三个老人说：“我们不能同时进屋呀！不过，你可以去和你的家人商量，看你们最需要我们中的哪一个。”

妇人便进屋把老人的话说了。丈夫惊喜道：“既然如此，我们就邀请‘财富’老人吧，请他进来，让我们的屋里装满财富！”结果叫了半天，“财富”也没有进来。

妇人说：“亲爱的，我们为什么不邀请‘成功’老人呢？做一切事情都能成功，那感觉会有多好！”结果叫了半天，“成功”也没有进来。

这时候，女儿插嘴进来，说：“我们还是邀请‘爱’吧，让我们的家时时处处都充满着爱，那该多好呀！”

“那我们就听女儿的吧！”夫妇表示同意女儿的邀请。

于是妇人出门，邀请“爱”老人进屋做客。谁知“爱”老人起身，“成功”老人和“财富”老人也都跟在后面。妇人感到惊讶：“我们邀请的是‘爱’，你们两位怎么也一起来了？”

三个老人乐了：“哪里有爱，哪里就有财富与成功！爱来了，一切都会向你涌来！”

# 八 幸福人生：从改变自己开始

在英国威斯敏斯特教堂内的一个墓碑上刻着一段非常著名的话：当我年轻的时候，我的想象力从没有受过限制，我梦想改变这个世界，当我成熟以后，我发现我不能够改变这个世界，我将目光缩短了些，决定只改变我的国家，当我进入暮年以后，我发现我不能改变我的国家，我的最后愿望仅仅是改变一下我的家庭，但是，这也不可能！当我现在躺在床上，行将就木时，我突然意识到：如果一开始我仅仅去改变我自己，然后，作为一个榜样，我也许能为国家做一些事情，然后，谁知道呢？我甚至可能改变这个世界！

我国名著《大学》的开篇就这样写道："大学之道，在明明德，在亲民，在止于至善。知止而后有定，定而后能静，静而后能安，安而后能虑，虑而后能得。物有本末，事有终始。知所先后，则近道矣。古之欲明明德于天下者，先治其国。欲治其国者，先齐其家；欲齐其家者，先修其身；欲修其身者，先正其心；欲正其心者，先诚其意；欲诚其意者；先致其知；致知在格物。物格而后知至，知至而后意诚，意诚而后心正，心正而后身修，身修而后家齐，家齐而后国治，国治而后天下平。"我们的祖先在这里也告诫我们："治国平天下"的远大理想，要从"格物致知心诚意正修身齐家”开始，人生要想有所作为，就必须“志存高远，脚踏实地”！

现实中有许多年轻人，在自己成长的过程中，由于不了解自我，也不了解社会，更不了解社会历史的发展规律，往往会走上人生的歧途，甚至踏上一条人生的不归路。

记得我自己从小开始，就特别喜欢读书，但由于家里穷，从小除了学校发的几本教科书外，就再也没有别的书可读了！一直到考上大学，才像是走进了一个知识的海洋，从此自己就像一头牛撞进了一块菜园里，永远都不愿意出来。

然而，“尽信书，则不如无书”，只知一心一意读书而不积极参与社会实践，其结果就只能是片面的认识、狭隘的思维、极端的行为！只会用理论上的一套来要求自己与别人，用书本知识来评判社会。要求别人和社会多，要求自己少！

正由于此，抱怨、批评、求全责备，成了当时我的思维、性格及行为的主要特征。看到的是别人与社会的不足与落后，行动中是对别人和社会的指责与批评！记得自己年轻时也是笔耕不辍，写了不少的论文，出版了几本著作，还积极地进行报告文学、散文、杂文的创作，有的还获得省杂文比赛一等奖，但更多的是一些批评性文章，如在香港《广角镜》杂志1989年第4期发表了我批评国民性的文章《国民劣根性面面观》、在江西省《文化世界》（已停刊）杂志发表《丑陋的大学生——来自中国国家队的报告》、应江西二十一世纪出版社张秋林社长的约稿，撰写了《中国现代化的泥潭》一书（因故未出版）……

可是，美好的愿望却总是事与愿违，你不精彩，蝴蝶不来！当你自己还没有成为爱，一切都会离你而去；自己都还没有改变好，肯定也改变不了世界。所以当面对着物质的匮乏、升职的无望、各种关系的不顺等人生的各种困境时，我选择了主动逃离，期望通过改变外在环境来改变自己所面临的一切！从老区来到了特区，后来又从中国来到了美国！然而不改变自己，其他一切改变都于事无补、于人无益。只有自己改变了，世界才会慢慢随着改变。

于是，2002 年 8 月从美国回来后，我开始变得踏实、宽容，开始严于律己宽以待人，开始从我做起，从现在做起，从小事做起！改变了自己，外在的其他也逐渐随之改变，真的是你若盛开，蝴蝶自来；你若成为爱，一切都会向你涌来！几年时间，我在职称上从讲师变成了教授，在物质财富方面也迅速增长，人际关系也变得融洽。不仅如此，自己的内心也逐渐变得强大、圆满、幸福……

成长的一大秘诀就是要改变世界，先从改变自己、完善自己开始！

# 九　生命发展的不同阶段，都会有不同的主要任务

晚清时期，大清帝国已经病入膏肓，处于风雨飘摇之中，孙中山曾经登门拜访晚清重臣李鸿章，给他讲了法国大革命以及资产阶级世界的一系列新的社会运动，希望李鸿章也肩负起新时代所赋予的神圣职责，站出来带头为革命呼吁、反对清朝专制。但是此次谈话没有积极成果，李鸿章虽然不赞成孙中山的冒进主义，但是他也表示最大程度的理解，只是一代人只能做一代人的事情！著名学者季羡林也说过：“我相信，不管还要经过多少艰难曲折，不管还要经历多少时间，人类总会越变越好的，人类大同之域决不会仅仅是一个空洞的理想。但是，想要达到这个目的，必须经过无数代人的共同努力。有如接力赛，每一代人都有自己的一段路程要跑。又如一条链子，是由许多环组成的，每一环从本身来看，只不过是微不足道的一点东西；但是没有这一点东西，链子就组不成。在人类社会发展的长河中，我们每一代人都有自己的任务，而且是绝非可有可无的。如果说人生有意义与价值的话，其意义与价值就在这里。”

其实，不仅每一代人都有自己的任务、一代人要做好一代人的事情，

在一个人生命发展的不同阶段，都会有不同的主要任务，只有把握好人生不同阶段的主要任务，才能使自己的人生充实而精彩。

在青少年时代，学习掌握知识是个人的最主要任务。为了这个使命和任务，必须学习忍耐，学会放弃，学会付出，这不仅仅是学习的需要，也是人生的一种修炼！但是在现实中，往往会有一些年轻人，经不住诱惑，学不会拒绝，最后导致人生的悲剧。我经常给学生讲“四万根断指的故事”：2005年，广东商学院社会工作系教授谢泽宪对佛山、中山、东莞、惠州、深圳和广州六个珠三角城市的39家医院的582位工伤患者进行调查走访，最终写出《珠三角“伤情”报告》，结果触目惊心，每年发生在该地区的断指事故就达3万起，被机器切断的手指头超过4万只！而在这些断指工伤事故中，有许多当事人就是一些本应该在校学习的辍学外出打工的小学生、初中生，他们中的一些人在本该好好学习的人生阶段由于种种原因，选择了外出打工赚钱，其结果却是不仅没有赚到钱，反而让自己的生命产生了巨大的残缺，抱憾终生……

我给学生讲这个故事，就是告诫他们，在人生发展的不同阶段，都会有不同的主要任务，青年人必须尊重生命发展的规律，在不同的人生阶段，都做出最好的选择。正如有一句格言所说：“你人生最大的工作，就是去找一份适当的工作；人生最大的使命，就是去找出自己的使命，活出自己的人生。”

# 十 卓越人生：从性命、生命到使命

西方有一个著名的寓言故事《海鸥乔纳森》。

故事中，一群海鸥生活在海岸线上，每天靠抢食渔民施舍的鱼食为生。一只年轻的海鸥，名字叫乔纳森，有一天，他对自己的人生有了新的思考，难道海鸥生存的意义就是抢食渔民撒的鱼吗？终于有一天，他在空中滑翔时尝试着以更快的速度飞行，才发现原来飞行是很有意义的一件事情，能够给自己带来很大的快乐。于是他不断地挑战自己，尝试更高的速度，从刚开始 80 英里 / 小时的海鸥极限速度，一直突破到 120 英里 / 小时，这说明海鸥只要经过训练，就能不断地超越自己。当他的飞行速度达到很快程度的时候，当他的飞行技能不断完善的时候，发现觅食根本不是问题，他可以飞快地飞到内陆森林里，那里有美味的昆虫和鲜美的坚果，他可以垂直降落至海底，那里有丰足的鱼虾。这时候他明白了，海鸥生存的意义是飞行，而不是觅食，当飞行水平达到一定的高度，觅食根本就不是问题。我们人类只要心中有目标，通过合理的训练，可以不断地挑战自己，人的潜能是无限的，每个人都可以做更好的自己。

当乔纳森具备了如此高的本领后，引来了同类的嫉妒，大家都视他为异类，并且把他赶出了族群，放逐到了很远的地方，乔纳森忍受着孤独和寂寞。有一天他想到，与其自己一个人在这里练习飞行，不如回到鸥群里去，放弃自己的本领，承认自己的错误，与大家一样，做一只普普通通的海鸥，那样还有同类陪伴自己。当他往回走的时候，突然发现自己竟然还有超低空沿悬崖壁飞行的能力，他这才意识到，自己经过这么努力的训练，已经具备了相当高的本领，如果现在放弃的话，那么以前的努力全白费了，于是他又改变了主意，不打算飞回鸥群了，自己在这里继续练习更高的本领。这给我们的启发是，当我们学到一个新的本领，并且不被同类看好的时候，难免会遭到周围人的嘲笑。如果没有坚定的信念，把自己的本领练好，有可能会半途而废，那么之前的努力就全部白费了。这需要我们必须有坚定的信念，只要自己认为是正确的事情，就一定要坚持下去。

乔纳森独自一人训练飞行技能，飞行能力达到了更高的层次，这时候来了两只海鸥，跟他一样有非常高的本领，于是这两只海鸥带领他到了一个新的海岸线，这里有很多海鸥，每只海鸥都具有非常高的飞行本领，这里的海鸥不谈论觅食，他们只讨论如何飞得更快。这说明，如果我们具备了更高的本领，就可以达到一个新的高度，就会有那么一群人在新的高度迎接你，只要你具备了更高的本领，就可以跟这群高水平的人融为一体，这些人只谈如何成长，如何实现人生的意义，根本不用考虑如何赚钱。因为，当人们努力奋斗，实现人生的意义的时候，金钱自然就来了。

乔纳森在新的环境里继续练习飞行本领，付出比别人更多的时间去练习，最终他实现了靠意念飞行，达到了一个新的境界，一个传说中的境界。这也启发我们，只要努力奋斗，我们总会不断地突破自己。

乔纳森在这里练就了一身的本领，他没有忘记自己的同类还生活在一种愚昧状态，大多的同胞还在靠抢食渔民施舍的鱼为生。于是，他飞回了老家，召集了一些和他有一样追求的年轻海鸥，给大家示范他已经练就的本领，告诉他们飞行的意义。慢慢地，越来越多的年轻海鸥开始跟随他学习本领，但是好多海鸥说他在分裂鸥群，破坏团结。他根本就不理会大家的冷嘲热讽，只是用心教那些跟随自己学习的年轻海鸥。随着时间的推移，跟随他学习的海鸥越来越多，这群海鸥生活得越来越好。这启发我们，当我们学有所成，有点成就的时候，不要忘记父老乡亲，他们还生活在一种落后的生活中，需要我们用自己的知识，来带领他们走向美好的生活。不要在乎别人的评价，只要有人愿意跟随我们学习，就全心全意地教他们，肯定会有越来越多的人因此而受益，当所有的人都认识到了人生的意义在于奋斗的时候，这个世界就变成了一个美好的世界。

《海鸥乔纳森》寓言故事告诉我们：人生的意义在于不断地成长，而不仅仅是为了赚钱。当我们每天都致力于成长，人生达到一定高度的时候，人生便具有了意义，其他一切都会随之而来。

人的生命内涵很广泛，归纳起来包括三点。

1. 身体的诞生与成长（性命）。处于这个层次的人，凭感觉做事，用身体思考，靠本能生存。一切以自我为中心，只知道自己的喜好，不知道也谈不上顾及别人的感受。有情绪就随意发泄，喜欢就不顾一切追求。生命成了情绪的发泄桶和欲望的存储器，这实在是人间苦难的根源。

2. 心智的成长与成熟（生命）。随着心智的开化，人逐渐有了知识情感与意志品质。到了这个层次的人，凡事都会用心理性思考，最后做出相对合理的判断。人际关系就成了以平等为基础，以相互依存为目的平等沟通。

遇到事情，一般都是以平等沟通来解决。

3. 灵魂的觉醒（使命）。随着年龄的增长、知识的丰富、能力的加强，越来越认识到人生的真正意义和价值，把自己的生命同国家、民族甚至整个人类社会紧密联系起来，实现了个体灵魂的觉醒，承担起神圣的使命。

性命代表生存：平庸的人只有一条命，叫性命。平庸的人，只为生存而存在，活着是为了吃饭，追求一日三餐的温饱，凭本能生活，没有高远的目标，也没有人生的伟大理想，每天都在重复着昨天的故事。

生命代表生活：优秀的人会有两条命，即性命和生命。优秀的人在珍惜性命的同时，注重提高自己的内在修养和生活质量，让自己的人生更精彩。

使命代表责任：卓越的人则有三条命，性命、生命、使命。卓越的人因为内心有崇高的使命，心中有他人、有国家、有大爱，所以敢担当愿付出积极奉献，能够为社会做出更大的贡献。

从生命成长过程来看，可以从两个层面来理解生命的成长。一是生理层面的身体生长发育；二是心理层面的精神成长。精神性是人的本质属性，精神成长是人的本质成长，因此我们可以这样理解，精神成长是指伴随着人的生命成长过程而表现出来的人的本质力量的扩充和拓展，体现为人的精神生活的丰富和精神境界的提升，其本质就是个人不断获得爱、丰富爱、付出爱（被爱、自爱、爱人）的过程。

我们每个人的生命只有一次，是活得精彩、轰轰烈烈，还是仅仅是活着？每个人都可以自己做出选择。选择生存的人，只追求一日三餐的温饱，没有高远的目标，亦没有伟大的理想，每一天都重复着昨天的故事。这样的人，毕生都不可能走出人生的第一境界。选择优秀的人，在珍惜性命的同时，更注意提高内在修养和生活质量。他们认为“我们不能决定性命的长度，但能拓宽性命的广度”。生活有了更广阔的空间，性命自然更有意义，就可以当之无愧地称为“生命”。显然，在做人的格调上，生命比性命更胜一筹，此乃人生的第二境界。选择卓越的人，就是选择了担当和使命，选择了对国家、对社会、对人民的一种责任，选择了把自己的生命同国家、民族甚至整个人类的命运紧紧联系起来。在中华民族上下五千年悠久历史中，这样彪炳史册的人自然不胜枚举。使命感是动力的内在源泉，“使命”使他们有“我不下地狱谁下地狱”的勇气，没有使命，再优秀的生命，也走不出人生的精彩。毋庸置疑，使命是远远高于性命和生命之上的第三种境界。

性命只能证明你活着，生命说明你活得有一定的价值和意义，使命则证明你活得高贵和伟大。

# 十一 生命是一段美好的旅程，而不是一场竞赛

功利是一种手段而非目的！但在现实社会中，许多人却把它当成了生命的目的，为了这个“目的”而努力奋斗，有些人为此费尽心思甚至不择手段、以身试法……

这里有一位伟大而又平凡的父亲，在儿子三岁时，就给他写了一封情真意切的信。在这封信里，父亲告诉儿子，生命是一段美好的旅程，而不是一场竞赛！在这段美好的生命旅程中，虽然会有阴雨，但重要的是学会爱，学会享受生活，从而让自己快乐也让别人快乐。父亲的忠告，送给他三岁大的爱子，同时也启示所有人。

现录于后：

亲爱的塞斯：

你现在仅仅三岁，此刻你还不识字，更不用说让你去理解我接下来想在这封信里对你所说的话了。但关于你即将面临的人生以及我至今的人生，我已经思索良久，我反思我所学会的；

思考一个父亲的职责，力图让你为未来岁月中即将面临的困难做好充分准备。

你今天并不能理解这封信的含义，但是某一天，当时机成熟，我希望你能在我与你分享的内容当中找寻到些许的智慧和价值。

你还很年轻，生命还尚未开始摧残你，没有在你的人生道路上放置失望、伤心、孤独、挣扎和苦痛。你还没有被漫长的乏味工作、被日常生活的打击搞得筋疲力尽。

因此，谢天谢地吧。你正处在人生一个美妙的阶段。还有很多美妙的阶段会来到你面前，但都不是唾手可得的，你都得付出代价，经历风雨。

我希望通过分享一些我所学到的最好的道理帮助你走好人生路。至于我的建议，倒不必全盘接受，因为适合我的并不一定适用于你。

你的生活中一定会有并不友好的人。他们会嘲弄你，因为你与众不同，或根本不为任何原因。他们可能会欺负你或者伤害你。

对于这种人，你只能学会和他们打交道，同时你也要学会择友，选择那些对你友善的、那些真正关心你的、那些令你感觉良好的人做朋友。当你寻找到像这样的朋友，就一定要坚守这份友谊，珍惜他们，花些时间和他们在一起，友善地对待他们并爱他们。

有时你会遭遇挫折而非成功，生活并不总会如你所愿。这是另一件你需要学会处理的事情。但你要挺住向前，而不是让这些事将你拉入低谷。接受挫败并学会坚持，不畏困难地追求你的梦想。学会把消极转化为积极，之后你就能做得好得多。

你同样会面临心碎时刻以及被深爱的人抛弃。我希望你无须经历太多此类事件，但这样的事总会发生。同样，你做不了什么，只能慢慢愈合心中的创伤并继续你的生活。让这些痛苦成为你通向更美好生活的垫脚石，并学会利用它们让自己更坚强，但无论如何，都要张开双臂拥抱生活。

是的，在你的生命历程中你会遇到残酷、煎熬，但不要因此拒绝接受新鲜事物。不要逃避生活，不要躲藏，抑或封闭自己。拥抱新鲜事物，经历全新体验，接触新的人。

你或许心碎了十次，但是有可能在第十一次找到至爱。如果你把自己关在爱的门外，你就会错过这个女子，错过你生命中最快乐的时光。

你可能会被你遇到的人耻笑、欺负、伤害，而在碰到无数这样的家伙后，你会找到一个真正的朋友。如果你拒绝接触新人群，并不向他们敞开心扉，你会避免受伤，但是同时也会失去认识一些很棒的人的机会，他们会在你生命最困难的时刻陪伴着你，并带给你人生当中最美好的时光。

你会失败多次，但是如果你让失败打倒了你，你就会错过那种当你达到成就新高度时的那种绝妙的成就感。失败是成功之母。

你会遇到一些人，他们总是试图超过你，在中学，在大学，在工作中。他们想要拥有更好的车，更大的房子，更好的衣物，更酷的小玩意。对他们来说，生命就是一场竞赛——他们不得不比同辈做得更好来让自己感到快乐。

这里有一个秘诀：生命并不是一场竞赛，而是一段旅程。如果你在途中一直都试图给他人留下深刻印象，超过别人，那你就浪费了这段旅程。与之相反，学会享受这段旅程，让它成为快乐之旅，永恒的学习之旅，持久的进步之旅以及爱之旅。

不要操心拥有一辆更好的车或一所更好的房子，或者任何物质的东西，即便是一份薪水更高的工作。这些根本无足轻重，也无法使你更快乐。你得到这些东西之后只会想要更多的。与之相反，学会知足而乐——然后学会利用你原本想要浪费去挣钱买这些东西的时间去做你真正热爱的事。

找到你的激情，坚持不懈地追求它。别让自己被一个还债的工作所累。生命如此短暂，不可将之浪费在你所厌恶的工作上。

如果让一个词成为你的生活准则的话，那它应该是：爱。也许这听来已是老生常谈，我也清楚……但是请相信我，再没有更好的生活准则。

一些人以成功作为生活准则。他们的生活会很紧张，不开心并且很浅薄。

另一些人的生活准则是个人利益——他们将个人需要置于他人需要之上。他们孤独一生，终究也不会快乐。

还有一些人为正义而生——努力展示其道路的正确性，并试图劝服任何一个不以正义为生活准则的人。他们关心他人，却以一种消极的方式，最终他们只能拥有他们自己的正义，而那却是一个糟糕的伴侣。

用爱作为你的生活准则吧。爱你的妻子，你的孩子，你的父母亲，你的朋友，全心全意地去爱。给予他们所需要的，不要流露出任何残忍、不赞同、冷漠或者失望，只有爱。向他们敞开灵魂。

不仅仅爱你深爱的人，也要爱你的邻居，你的同事，甚至陌生人，他们是你广义上的兄弟姐妹。给你遇到的任何一个人一个微笑，一句善语，一个友好的姿势，一只援助之手。

不仅仅爱邻居和陌生人，也要爱你的敌人。对你最残酷的人，对曾经对你不善的人。他是一个备受折磨的灵魂，最需要你的爱。

最重要的是爱你自己。当别人批评你时，学会不要对自己太苛刻，不要认为自己丑、笨或者不值得去爱，而要想着自己是一个很好的人，值得拥有幸福和真爱，并学会爱真正的自己。

最后，要知道我爱你并且永远都会，你即将开启一段有点奇怪、令人害怕、令人心悸但最终很无比美好的旅程，我永远会支持你。祝万事如意。

爱你的爸爸

这封信句句箴言，对生命本质、人生意义做了深刻的揭示，尤其是“生命并不是一场竞赛，而是一段旅程。如果你在途中一直都试图给他人留下深刻印象，超过别人，那你就浪费了这段旅程。与之相反，学会享受这段旅程，让它成为快乐之旅，永恒的学习之旅，持久的进步之旅以及爱之旅”。这段话，更是对生命的意义做了最好的说明。

# 十二　杰出有限、平凡普遍

可能我只是不太喜欢，也不太适合这个世界，所以再也不想多作停留了；不想再假装，也不愿再撒谎，只想做我自己而已，是真的难。所以单纯就是，有那么点累了，所以就算了。不想责备任何人，至少此生为止认识的没有坏人，爱你们，也希望你们越来越好。要说有什么遗憾那就是对不住家人吧，我也不知道该怎么办，对不起啊，妈，也是真的不知道该说什么。只剩下愧疚，只愿下辈子投胎不做您的孩子，也不想再让您受伤。最后就想说，这是我自己的选择，不怪任何人，不想给大家添麻烦。也请不要找我，因为真的找不到了，毕竟钱塘江嘛。不想要葬礼，安安静静的就好了。走啦，各位，勿念。此生缘尽，只愿没有来生。

这是浙江大学化工博士生侯京京生前留下的最后一段文字。

2018 年 10 月 10 日，浙江大学博士生侯京京在朋友圈留下了疑似寻短见的文字，随即失联。

据澎湃新闻报道 2018 年 10 月 14 日上午，杭州钱江四桥附近的钱塘江水域发现一具浮尸，经家属辨认，确认为失联的浙江大学博士生侯京京的遗体。

从最后的绝笔书，一句话，因为做自己真的难，他的生存的意念断了。可每一个字里的悲伤都能刺痛人的眼睛，那颗泪莫名地就滑落了。

年仅26岁的他，是别人眼中的学霸，可他不曾做过自己，一直活成了别人希望的样子，尽管在世俗的眼光中还活得很风光，但他自己却觉得活得太累了，不想再活了……

不止侯京京，一群正值青春的年轻人，竟频频有人走上极端，给自己、给家人画上悲剧的休止符。

2018年11月初，一名中国留学生在曼哈顿东村地铁L线第一大道站卧轨身亡，年仅18岁。

2018年5月，一名医学系放射科的中国女生安德里亚·刘在宿舍自缢身亡，年仅26岁。

2017年年底，康奈尔大学材料工程专业四年级学生田苗秀在考试周期间被发现于公寓内死亡，年仅21岁。田苗秀在离世前曾发电邮给同学，对无法完成期末项目表示抱歉。田苗秀是位名副其实的学霸，不仅在中国首届高中生美式辩论赛中进入西南赛区16强，还在中国中学生英语能力竞赛中获得全国三等奖。

2017年10月，在美国犹他大学攻读生物学博士的唐晓琳自金门大桥跃下身亡。自北京大学地球与空间科学系毕业后留学美国的唐晓琳，课题是难度极高的RNA病毒方向。失联前，她曾透露过自己压力巨大，有投河的念头。

是什么让这些人人钦羡、品学兼优的孩子，如此想不开？

**一是父母过高的期待**

“望子成龙”“望女成凤”是中国人的传统教育观念。如今，中国多数家庭只有一个孩子，因此祖辈和父辈的培养对象都锁定在这一个孩子上，期望值也人为地拔高。大量的全国性调查发现，中国父母最大的焦虑是希望孩子在竞争中取得优势地位。父母对子女的学业高期望会给孩子带来“童年恐慌”，即儿童由于面临巨大的压力，不能理解不能承受而产生一种较长时间的焦虑心态，这种“童年恐慌”对孩子的杀伤力很大。与此同时，由于父母对孩子学业过高的期望、过多的投入，反而就会忽视孩子的全面发展，甚至会剥夺孩子生活的乐趣。这样，孩子将来很容易发生心理危机，甚至造成家庭悲剧。

父母“望子成龙”心切，导致对孩子期望过高。这种期望仅仅是对考试成绩的期望，而不是要求其全面发展，因此很少关心孩子的正常要求和兴趣爱好。期望过高和期望偏向会使孩子失去学习和生活的乐趣，容易滋长消极情绪。沉重的负担使孩子身心疲惫，对人冷漠，对集体不关心，自我封闭，外人很难走进他们的内心世界。

我们曾经对深圳市的家长进行过问卷调查，在我们的家长问卷中，有39.82% 的家长，希望自己的子女在班上成绩进入前三名，18.44% 的家长希望子女进入前六名，34.81% 的家长要求子女成绩进入前十名。望子成龙、成凤是天下父母的共同心愿，但事实上，不可能每个人都成龙、成凤。社会固然需要各种“高精尖”的高级人才，同时也需要在各自平凡岗位上默默耕耘的人。我们客观上不可能使每一个人都成为高精尖的人才，我们只希望每个人都能在自己原有的基础上再提高一步或几步，这才是我们对下一代切合实际的期待。

**二是社会评价的偏差**

“人上一百，各种各色”，人是千差万别、个性纷呈的，人的价值追求、审美情趣、性格特征、能力表现、兴趣爱好都各不相同，但社会对人的评价却惊人的雷同：唯权、唯钱、唯分……却唯独没有孩子的幸福、学生自己的自我追求、自我认同！人才的多样性与社会评价标准的唯一性，成为社会评价的一个巨大偏差。

曾经看到过一篇文章《我想当一个废物可以吗？》，作者最后说“假如有一个人问我可不可以当废物，我会支持他的想法。我大概会这么对他说：‘我们每个人活在这个世界上，都想完成一点什么。当废物也许就是你想为自己完成的一件事，我很高兴你有勇气去追求它。祝愿你保留这样的勇气。也许有一天你还会想做其他事，到那时，请用同样的勇气实现它。’这样说，是因为我相信自我接纳不等于自我僵固。做自己（当废物）之后，也会自然而然地发现更大的价值（做一些不同的事）。人是不会一直当废物的。——并非因为有某个专家或导师对他说：‘不要当废物！’而是因为他可以全心全意地接纳自己。他爱自己，就自然会去寻找更多的价值，丰富和变化自己的人生。关键在于，你信不信一个接纳自己和爱自己的人，会有这样的动力，自发地寻找更多的价值？”

社会很大，人很复杂，健康文明的社会应该鼓励创新，宽容不同，一枝独放不是春，百花齐放春满园，让每一个生命的个体，都做最好的自己！

**三是自己过大的压力**

去年的十月，著名国际学术期刊 *Nature* 对全世界不同国家不同领域的 6000 名左右的博士生进行了问卷调查。结果显示，在象牙塔里求学的博士生，大约有四分之一的人都存在心理问题，严重的甚至有重度抑郁的倾向。

更让人忧心的，是我们身边的孩子，有许多人的内心已经出现了严重的问题，不少人也透露出了厌世、想要结束生命的想法，甚至有的已经走上了人生绝路。

予心是个成绩很好，又多才多艺的女孩。所有人都觉得，她的学习、成长环境有得天独厚的优势，前程灿烂，人生美满。

她就读的成章实验中学属民办学校，是衡阳市乃至湘南地区最好的初中，依托全市最好的公立高中衡阳市第八中学办学，校园内，随处可见历年毕业生的励志牌，校友遍布国内外知名高校。作为 293 班班长，唐予心的成绩在班上数一数二，在全年级 1700 多人中的排名曾排到第四十多名。

当同龄人对“大学”的概念还懵懵懂懂时，唐予心早就知道了什么是“985”“211”。初二地理课上，老师讲到香港时提到了香港大学，她就公开表达了对香港大学的向往。爸爸唐一平曾对她说：“以后港珠澳大桥开通了，爸爸开车去接你也很快。”

读初二那一年，唐予心的学习成绩进步更快，并拓展了新的兴趣，喜欢上了法医学，也萌生了以后要当法医的想法。她还买了一本大学教材《法医学》，经常放在书包里，班上同学都好奇她为什么会喜欢这个工作，她的说法是法医赚钱多。

到了初三，学习的任务开始变重。学校提出“周周清，月月考”，并规定初三学生每周日下午就要返校，这让学生们感到不满。

2018 年 10 月 12 日进行的月考中，唐予心的年级排名从第四十多名下降到了第一百二十四名。实际上，她比上一次月考只少得了 10 分，只是因为在最好的学校，竞争激烈，名次才会有如此明显的退步。其实，整个初三年级有 1700 多人，前 500 名基本能稳上八中高中部，第一百二十四名仍是不错的成绩。

但唐予心的母亲通过手机绑定的“好分数”平台看到名次后，还是发愁，当天就给班主任唐忠宝打了电话。公布成绩那天是周五，唐予心从学校回家后，母亲对她进行了“严厉”的批评，还要求她写一份检讨，她哭着将自己反锁在房间，直到奶奶去敲门才开门。

第二天，父亲唐一平也与她进行了交流，当说到“你要担起班长的责任”这句话时，唐予心立刻敏感地反问：“是不是老师说我了？”

唐一平并不知道，就在他们夫妇与女儿沟通时，女儿的人生已经进入了倒计时。

被母亲批评的周五当天，唐予心下午五点多先是在班级 QQ 群里表达了不满：“说我数学考得不好，还说我其他科目考得什么东西，让我写检讨。”聊天记录显示，晚上九点多，唐予心第一次在群里流露出想自杀的意思。

2018 年 10 月 18 日，唐予心选择服用超大量的秋水仙碱导致抢救无效死亡。

《奇葩说》里，颜如晶说，没有人告诉我们努力的尽头在哪里，就像所有人都说，一个不想当将军的兵，不是好兵，但是当一个小兵发现不管怎么努力都当不了将军的时候，有没有人跟他说，没有关系，你可以只当小兵。或者告诉他，你可能更适合做研究，又或者你可能可以做出一个大企业来……

而事实上，杰出有限，平凡普遍！我们大部分人，都是普通人，我们的孩子们长大后，大部分也将成为普通人。

即使杰出，也不可能只是在一个领域，行行都会出状元！可惜的是，我们的许多孩子，就在这种父母的巨大压力、社会的评价偏差和自己的不成熟下，却在人生都还没有真正开始，还没有充分展示自己特长，还没有发挥自己优势的时候，就选择了断人生，确实让人悲痛不已。

生命的价值与意义究竟是什么，无数的先哲都进行过思考与探索，不同的人也有不同的答案，有享乐人生观，也有拼搏人生观；有索取人生观，也有奉献人生观……每个人都有自己的人生活法，但有一点是共同的，那就是，人生要有意义，一定是要过自己想要的人生，按照自己的意愿去活，活出本真的自己，活出精彩的自己！科学家如爱因期坦，企业家如比尔·盖茨，文学家如鲁迅……莫不都是遵从自己的内心、活出了精彩的自己而有成功的人生！而现在的许多学生，他们都是在为别人而活、为分数而活，他们缺乏主体性没有体验没有自由，没有爱恨情仇，没有尽情的释放，有的只是考纲只是试卷只是前途，这也就怪不得活着没有什么意义了……

记得有个广告说：人生就像一场旅行，重要的不是目的地，而是沿途中的风景。人生的意义就在于遵从自己的内心、活出本真的自己、精彩的自己，经历自己想要的也愿意去承担的酸甜苦辣、聚散离合，不管喜欢的，还是厌恶的，都要体验、经历，然后升华自己的心灵……

而我们现在的许多孩子，也包括上面提到的那些学习成绩非常优秀的孩子，从小就被要求听话，从小就被父母和教师安排着，从来就没有按照自己的内心来生活。于是，听话就是“乖孩子”，就有奖励，妈妈就喜欢，教师也欣赏；不听话就是“坏孩子”，就有惩罚，妈妈就不喜欢，教师也嫌弃。在这样的萝卜棒子政策下，小小年纪的他们，压抑自己内心真实想法，为了讨好父母和教师而变得乖巧。而在这个过程中，他们丧失了独立思考的能力，丧失了坚定说出自己想法的勇气，永远处在被动接受他人安排的位置。却从来没有真正问过自己：“这些是我想要的生活吗？”以至于长大以后，他们有强烈的孤独感和无意义感，这种孤独感来自好像跟这个世界和周围的人并没有真正的联系，所有的联系都变得非常虚幻。更重要的是他们不知道为什么要活着，他们也不知道活着的价值和意义是什么。他们通过自己的努力是取得了非常优秀的成绩和成就，他们似乎很多时间都是为了获得这种成就感而努力地生活、学习和工作。但是当他发现所有那些东西都得到的时候，内心还是空荡荡，就有了强烈的无意义感。

其实，无论是学习、工作，抑或生活，无论是亲情、友情，抑或爱情，我们都可以摒除周遭繁杂的干扰，当好独一无二的主角，活出本真的自己，活出精彩的自己！只有这样，我们才会有和别人不一样的人生，才能够活出自己觉得有意义的、精彩的人生！

# 十三　一生向阳、不断成长

前一段时间，中央电视台在黄金时段热播的电视连续剧《人世间》，收视率又创新高。该剧根据梁晓声的同名小说改编，以居住在北方某省会城市的一户周姓人家三代人的视角，描绘了十几位平民子弟在近50年时间内所经历的跌宕起伏的人生，全面展示了改革开放以来中国所经历的翻天覆地的社会巨变，歌颂了中国人民拼搏向上、艰苦奋斗的伟大历程，以及勤劳正直、自尊自强的美好内心。该剧主题歌也动人心弦、催人泪下：

草木会发芽孩子会长大，岁月的列车不为谁停下，命运的站台悲欢离合都是刹那，人像雪花一样飞很高又融化，世间的苦啊爱要离散雨要下，世间的甜啊走多远都记得回家，平凡的我们撑起屋檐之下一方烟火，不管人世间多少沧桑变化！祝你踏过千重浪，能留在爱人的身旁，在妈妈老去的时光，听她把儿时慢慢讲！也祝你不忘少年样，也无惧那白发苍苍，若年华终将被遗忘，记得你我，火一样爱着，人世间值得……

有多少苦乐就有多少种活法，有多少变化太阳都会升起落下，平凡的我们，一身雨雪风霜不问去哪，随四季枯荣依然迎风歌唱！

祝你踏过千重浪，能留在爱人的身旁，在妈妈老去的时光，听她把儿时慢慢讲。也祝你不忘少年样，也无惧那白发苍苍，我们啊像种子一样，一生向阳，在这片土壤，随万物生长！

是啊，这人世间虽然有假丑恶，但更多的是真善美，值得我们火一样爱着！人一辈子，既会有雨露阳光，也会遇上电闪雷鸣，我们要像种子一样，一生向阳，不断成长！人生的意义和价值也就在于此，尽自己所能，为社会为国家为人民也为自己做一点事情、做一份贡献，社会因为有你，而变得更光亮更温暖。

# 十四　孩子，我应该拿什么留给你！

李鸿章，我们都不会陌生。这个饱受争议的政治角色——当他创建淮军、第一支西式军队北洋水师，领导洋务运动时，我们称之为具有时代前进步伐的晚清重臣；当他代表清政府签订了《马关条约》《辛丑条约》等一系列不平等条约时，我们称之为大清乃至中国的罪人。

日本首相伊藤博文称之为“大清帝国中唯一有能耐可和世界列强一争长短之人”，德国海军大臣柯纳德称其为“东方俾斯麦”，慈禧太后视其为“再造玄黄之人”。

这样一位在历史长河的拐角点占据了一席之地的人物，且不论他的功绩与罪行，但从财富这一点，晚清名臣中，若李鸿章家族排第二，则无人敢称第一。他“宰相合肥天下瘦”这一绰号绝不是浪得虚名。当然，这些财富一人享用不尽，至少能保庞大家族子孙三代生活无忧，李鸿章的财富也悉数留给了后代。而就是在这些金山银山的保护下才有了任性成长的富三代。

李子嘉出生时，李鸿章已经去世九年。虽然家族势力不比从前，但李鸿章还是给子孙留下了惊人的财富。成年之后，李子嘉分到了 1.3 万亩良田、一片商场、上海三层小别墅。此外，李子嘉每月还能去银行领 500 元零花钱。在那个年代，500 元可以买 9000 斤大米。也就是说，光凭这些零花钱，他什么都不做，就可以过上大富大贵的生活。更别提那些良田还有人替他看管，每年地里还能产出很多庄稼。然而，含着金汤匙出生的李子嘉却把自己的生活搞得一塌糊涂。李子嘉的父母为了培养他，从小就为他聘请了中英文教师给他启蒙，提供良好的教育。但他的兴趣爱好却是挥霍钱财，不但经常流连烟花柳巷，还染上了鸦片。更可怕的是，他还喜欢赌钱，李子嘉赌瘾之大尽人皆知，而他也是一个“逢赌必输”却“越输越红眼”“越输越来劲”的主。李子嘉手上没什么大额现金和动产，所以每次豪赌都是田产、房屋拿出去做筹码。曾经一次输掉一条街。即便如此，李子嘉也完全不在意，后来干脆就把那 1.3 万亩良田也全部一次性做抵押赌光了。不到 20 年，李子嘉就将巨额财富挥霍一空，开始尝到“穷”的滋味。

随着亲人离去和家产败落，李子嘉便成了一个无人问津的孤家寡人。此时的李子嘉靠蹭饭与别人救济为生，才真正体会到了何为穷途末路。但心气仍在的李子嘉想，堂堂李氏家族后人总不能一直靠左邻右舍救济过活吧。于是无计可施的他想到一个办法——投靠左宗棠的孙子左巨生。但此时的左巨生也同样一贫如洗，只剩下一座破屋。每日喝稀粥的穷困潦倒的日子让李子嘉绝望。他不能接受自己前半生锦衣玉食荣华富贵，而后半生如乞丐般度日。他想到了自杀，路过水塘纵身一跃，不幸的是被人救起。但因为年轻时透支坏了身体，染上风寒后一病不起又没钱医治，李子嘉最后还是凄惨病逝。

自古雄才多磨难，从来纨绔少伟男！纵观其一生，李鸿章之孙，出身豪门，集万千宠爱于一身。如此高的起点，李子嘉却毫不珍惜不思进取，沉迷酒色赌场，挥霍无度，以致中年败光家产，贫困致死。实在让人唏嘘不已！

无独有偶，清末封疆大吏左宗棠告老还乡后，在长沙大兴土木，为子孙后代建造豪华府第，他担心工匠偷工减料，就亲自拄着拐杖到工地监工，这儿摸摸，那儿敲敲。有位老工匠看他如此不放心，就对他说："大人放心吧。我活了这么一大把年纪，在长沙城里不知造了多少府第，从来没有倒塌过，不过屋主易人倒是经常的事。"左宗棠听后羞愧不已，叹息而去。后来事实也正是如此，左宗棠的孙子左巨生穷困潦倒如乞丐！

民族英雄林则徐曾给子孙写过一段话："子孙若如我，要钱干什么？贤而多财，则损其志；子孙不如我，留钱做什么？愚而多财，益增其过。"

昨天去看了一场电影《哥，你好》，影片讲述了无所事事的电竞代打伍陆柒无意间翻出一本尘封多年的日记本和一个简陋的戒指，竟然获得了穿越回到20世纪80年代的能力。父母、老友的命运也因小伍的到来发生了翻天覆地变化的故事！尽管情节荒诞，但主题却是非常鲜明，就是再一次揭示母爱的伟大：因为孩子了解体会到了母爱的高尚与无私，所以希望尽自己的最大的力量去回报母亲！孩子因为体会到了母爱的高尚与无私，才让自己充满了无限的情怀与力量。鲁迅先生说："父母存在的意义不是给予孩子舒适和富裕的生活，而是当你想到你的父母时，你的内心会充满力量，会感到温暖，从而拥有克服困难的勇气和能力，因此获得人生真正的乐趣和自由。"电影《哥，你好》再一次向我们证明了这一点。

然而在当今社会，很多父母都有与左宗棠相似的思想，省吃俭用地给子女积累钱财，为子女购置舒适的住房，子女长大了还得为其找一份既体面又轻松的工作，似乎只有这样才对得起子女。

而对怎样教育子女，使其立身处世却用心不多。或许有人要说：如今是商品经济时代，留给孩子一些金钱和物业，让他们在激烈的竞争中有点原始积累，终究是好事啊，然而事实却未必尽然。

穷无苗，富无根，自古皆然。秦始皇平定六国，广修滥建，阿房宫连绵三百里，希望江山社稷传诸二世三世乃至千万世，却不料在二世手上就垮台了。

当今社会中，长辈苦心积累的财富被子孙挥霍一空，千辛万苦创下的产业毁在子孙手中的事也屡见不鲜。前车之覆，后车之鉴。父母该给子女留下些什么，才能使子女过得更好，这值得所有父母认真思考。

在西方国家，不少大富翁都不会留下多少金钱给子女，却要求他们像普通人家的子弟那样去闯荡。但在我国，由于受传统思想观念的影响，做父母的往往将子女从出世到结婚的大事小事包干，生怕孩子受苦受累。孩子从小在温室中长大，走上社会后怎能经受得住大风大浪的考验呢?

“传家产，不如传家风”，实为警世恒言。纵你留下金山银山，万贯家财，倘若遇上“李子嘉”般的子孙，胡吃海花，到头来仍不免坐吃山空。古人说得好：“财也大，产也大，后来子孙祸也大；借问此理是若何？子孙钱多胆也大，天样大事都不怕，不丧自家不肯罢。”由此可见，钱多对于子孙来说并不见得就是好事。

在为子孙留下些什么的问题上，我们应该清楚，留财不如留德，留物质财富，不如留精神财富！苦难是财富，给孩子爱，让孩子接受好的教育，给他们一个能够实现自我价值的“空间”，教会子孙在纷繁复杂的社会生活中明辨是非，积极进取，一心向阳，不断成长，才真的是为子孙后代留下了取之不尽、用之不竭的永恒动力。

# 十五　人生要有追求，但不要强求

屠呦呦获诺贝尔奖后发表感言说：不要去追一匹马，用追马的时间种草，待到春暖花开时，就会有一批骏马任你挑选；不要去刻意巴结一个人，用暂时没有朋友的时间，去提升自己的能力，待到时机成熟时，就会有一批的朋友与你同行。用人情做出来的朋友只是暂时的，用人格吸引来的朋友才是长久的。所以，丰富自己比取悦他人更有力量，种下梧桐树，引得凤凰来。你若盛开，蝴蝶自来！你若精彩，天自安排！

对于我们每一个人来讲，我们没有超常的智力，没有优渥的家庭背景，可是努力去追求我们心中的梦想却是我们可以做到的，也必须去做的。因为每一个生命都具有唯一性、独特性和它的价值性！自从世界有了人类的存在，在其中经历过多少战争、多少灾难、多少瘟疫肆虐……每一个生命来到这个世界是多么的不容易，是多么的弥足珍贵，所以必须体现出其应有的价值，而要实现这种价值，人的一生就必须去努力追求。

读书时要努力追求，才能学到更多的科学知识，开阔视野、启迪思维、胸怀天下，这是在为你自己未来的发展打下深厚的基础。

走向社会进入职场后要努力追求，才能在社会有自己的立足之地，才能更好地发挥自己服务社会的能力，才能在父母、兄弟姐妹、孩子需要的时候，承担起自己应该承担的责任。

未婚的女孩要努力追求，是因为努力追求的自己，会变得越来越优秀，不但会配得上更好的另一半，而且自己也才有更好的选择。

而男人更要努力追求，因为男人是男子汉，是要“顶天立地”的！如果一个男人不努力追求，没人会瞧得起你。你可以暂时不成功，可以暂时落魄，但请给出努力追求的态度和行动，才真正配得上“男子汉”这一称呼。

世界上许多比我们优秀的人都在努力追求，我们有什么理由不努力追求呢？

最重要的是，努力追求不是为了别人，而是在这有限的人生里，我们本可以做到的，努力追求一把去实现它，才不负此生。不努力追求，又什么都想要，天底下哪有这种好事？努力追求，我们的人生才有无限种可能！

当然，人生努力追求要从社会客观条件出发。人生价值是在社会实践中实现的，人的创造力的形成、发展和发挥都要依赖于一定的社会客观条件。所以，人生的追求以及人生价值的实现要建立在正确把握社会发展的实际上。

人生努力追求还要从个体自身客观条件出发。个体自身客观条件的差异是客观存在的，一个具体的价值目标，对这个人来说是适合的，是能够实现的；而对另一个人来说可能却是不适合的，是难以实现的。因此每一个生命个体都必须客观地认识自己，准确把握影响人生目标实现的自身条件。

人生需要去追求，但记得切莫去强求。办不到的事，尽心就行；留不住的人，慢走不送。属于我的，我万分珍惜；不是我的，我洒脱放弃。不管是对人，还是对事，学会顺其自然，要懂得一切随缘！因为追求珍贵，强求失衡。一旦去强求，各种平衡就人为地被打破了，人就产生了偏执心，事物就由和谐走向失衡，正所谓“中庸是美，极端是恶”！所以世间一切的美好，都要依道而行，遵循事物的本质和规律，方能得其始终！在此将唐寅的《叹世》录于后，或许对我们大家都有启迪：

叹世之一

富贵荣华莫强求，强求不出反成羞。

有伸脚处须伸脚，得缩头时且缩头。

地宅方圆人不在，儿孙长大我难留。

皇天老早安排定，不用忧煎不用愁。

叹世之二

万事由天莫强求，何须苦苦用机谋？

饱三餐饭常知足，得一帆风便可收。

生事事生何日了，害人人害几时休。

冤家宜解不宜结，各自回头看后头。

# 十六 “扬长”：人生成功的路径

以前有一个著名的木桶理论——一个木桶能装多少水，取决于最短的一块板。在工业化时代，这个理论的确非常有效。但是在当今信息时代，这个理论实际早已破产。

今天的公司实在没有必要精通一切，如果财务不够专业，可以聘用比自己更有优势的会计师事务所；如果在人力资源上欠缺，可以聘用猎头或者人力资源咨询机构。市场、公关如果是短板，有大量的优秀广告和宣传公司为你量身定做；同样地，还有法律服务、战略咨询、员工心理服务……

当代的公司只需要有一块足够长的长板，以及一个有“完整的桶”的意识的管理者，就可以通过合作的方式补齐自己的短板。

所以今天的企业发展从短板原理，变成长板原理——当你把桶倾斜，你会发现能装最多的水决定于你的长板（核心竞争力），而当你有了一块长板，围绕这块长板展开布局，为你赚到利润。如果你同时拥有系统化的思考，你就可以用合作、购买的方式，补足你其他的短板。

百事可乐在中国的战略就是这样：他们把所有的制作、渠道、发货、物流全部外包，只保留市场部的寥寥几个人运营百事可乐的品牌。仅仅做好品牌这个长板就好。你今天喝到的青岛啤酒，都来自你附近方圆100公里的啤酒厂，瓶子和盖子来自另外一家专门做瓶盖的厂家，而青岛啤酒做的仅仅是拿出自己的配方，贴上自己的标签。GOOGLE在2014年初宣布以29.1亿美元把摩托罗拉移动出售给联想，出售一周，GOOGLE股价上涨8%，理由也基于长板理论——CEO佩奇解释说："这笔交易谷歌将精力投入到整个安卓生态系统的创新中，从而使全球智能手机用户受惠。"与其非得要花精力补齐自己的某些短板，不如花同样的时间和精力，把自己的优势发挥出来。

企业发展如此，人的成功也一样。

我的人生当然说不上成功，但在人生路上，也确实遵循了这一个法则，就是利用自己的优势和特长不断地挑战自我、提升自我、完善自我。我自己没有什么特点，要说有优势的话，就是从小就比较喜欢读书，曾记得自己小时候因为家里贫穷无钱买书，家里只有一本"新华字典"，我基本上可以把它背下来。喜欢读书带给我的最大好处就是使我的阅读能力、写作能力得到很大提高，使自己因为自己具有的文字写作能力优势而不断成长、不断取得人生的进步与成功，从而才有我自己的"三篇文章走天下"的人生佳话：一是我的大学毕业论文《心理学面临的新课题》被论文指导导师杨鑫辉教授推荐在《江西师范大学学报》(哲学社会科学版) 1985年第4期发表。后来，该论文还被《中国人民大学复印资料》全文复印，中央人民广播电台"学术漫步"节目介绍，中央教育科学研究所《教育文摘》摘登论点，我也因为这篇论文的发表，被学校留校做了一名大学老师，当时我才20岁；二是1994年初，我怀揣着梦想来到深圳市教育局求职，当时局长办公室正缺一位秘书。为了考核我的写作能力，他们要求我以深圳市市委书记的名义为教育局正要出版的书写一个序言，我在两小时内一气呵成，顺利通过考核，并顺利调入深圳市教育局担任局长秘书工作；三是我的学术论文《“生命课堂”理论价值与实践路径的探寻》发表在国家一级权威刊物《课程·教材·教法》后，引起了学术界的广泛关注，扩大了我在全国生命教育界的影响，也让我顺利评上了教育学教授，从此走上了研究和推广生命课堂的学术道路。

我曾经在大学给学生上过《大学生职业生涯规划与就业指导》课程，在谈到创业路径时，我给学生一个创业成功的公式：专业化＋社会化＋规模化，一个人要想创业成功，一定要有某项高精尖的技术，越高越好、越精越好、越尖越好（不管你是自己拥有的还是购买的，最好是自己的），然后才是走向社会，最后是越做越大，规模越大表示你越成功。专业化就是你的优势，就是你的立身之本、立业之本！

所以在职业生涯发展中，最好的能力策略是：“一专多能零缺陷”。“一专”指让自己有一项专长；“多能”指有可能多储备几项能力可以搭配着使用；“零缺陷”指通过自身努力和对外合作，让自己的弱势变得及格即可。而最需要避免的情况是“性情大于才情”：你有些小优势，但是由于与你合作的成本太大，没有人愿意和你合作。

# 十七　真正的智慧是开放的心灵

《资治通鉴·唐太宗贞观二年》：上问魏征曰："人主何为而明，何为而暗？"对曰："兼听则明，偏信则暗。昔尧清问下民，故有苗之恶得以上闻。舜明四目，达四聪，故共、鲧、驩兜不能蔽也。秦二世偏信赵高，以成望夷之祸；梁武帝偏信朱异，以取台城之辱；隋炀帝偏信虞世基，以致彭城阁之变。是故人君兼听广纳，则贵臣不得拥蔽，而下情得以上通也。"上曰："善！"

译文：

唐太宗问魏征："君主怎样是明君，怎样是昏君？"魏征答："兼听则明，偏信则暗。从前帝尧明晰地向下面民众了解情况，所以三苗作恶之事及时掌握。帝舜耳听四面，眼观八方，故共、鲧、驩兜不能蒙蔽他。秦二世偏信赵高，在望夷宫被赵高所杀；梁武帝偏信朱异，在台城被软禁饿死；隋炀帝偏信虞世基，死于扬州的彭城阁兵变，所以人君广泛听取意见，则贵族大臣不敢蒙蔽，下情得以上达。"唐太宗说："好啊！"

《管子·君臣上》也说：“夫民别而听之则愚，合而听之则圣。”汉代王符《潜夫论·明暗》也有类似的话：“君之所以明者，兼听也；其所以暗者，偏信也。”

意思就是人只有保持开放的心态，同时听取各方面的意见，才能正确认识事物；如果只相信单方面的话，必然会犯片面性的错误。

《管子·形势解》中说：“海不辞水，故能成其大；山不辞土石，故能成其高。”就是说大海之所以广阔，高山之所以巍峨，是因为它们不拒溪流、不辞泥土。管子以“海不辞水，山不辞土石”为喻推及到人，即让人要有广阔的胸怀，包容各种各样的人，听取各种意见，兼收各种知识，这样可以兼收并蓄，博采众议，能够使自己具有大智慧。为政者有了宽阔的胸怀，国家可以兴旺发达；人民有了宽阔的胸怀，人与人之间的关系可以融洽和睦。

开放的反义词是封闭，封闭说明有限制，不再限制就是开放的意思，从思想的角度来说，开放就是不再自我设限。听起来好像挺简单，但做起来可真难，一般人还真做不到。

对于经营者来说，在不断变化的竞争环境中，没有什么比及时调整自己的战略和思路更重要，而这需要拥有一个开放式的头脑，任何墨守成规或固执己见的人都无法持续地获得成功。人们对比尔·盖茨有着高度的评价，不仅仅是因为他的个人财富荣登福布斯世界富豪排行榜榜首。对于比尔·盖茨来说，他最宝贵的财富就是拥有一个开放式的头脑，这也正是造就他成功和财富的人格特质之一。

在世界船王丹尼尔·洛维洛的日本分公司里，曾有一位油轮总设计师，他的名字叫山本谷美。当时，批量化生产已经开始在工业领域中崭露头角。

然而，山本谷美仍然像当初他第一次建造油轮时那样，按照传统方法没日没夜地苦干。公司其他管理人员也发现了这一点，对他提出了善意的忠告，但是因循守旧的山本谷美根本听不进去，而是固执地接着按自己的想法去做事。

经过近一年的苦战，丹尼尔·洛维洛油轮制造公司的第一艘油轮终于诞生了。这艘油轮有着高贵的样式、豪华的装饰，排水量也很大。但是，由于价格昂贵，加上长达一年的漫长制造和等待，公司没有顾客上门。其他管理人员再次强烈要求山本谷美采用新的生产流程，改变经营思路，但山本谷美坚持认为油轮就应当是纯手工制作。最后，丹尼尔·洛维洛只好将山本谷美解雇。

真正的智慧是开放的心灵，思想开放就是要聆听、接受你过去所不认同的，包括未知的思想和信息，文化是有遮蔽效应的，你一旦认同一种思想，你就很难去接受其他思想。所谓心灵开放，就是打开这种遮蔽，去尝试了解和接受其他的思想。

在如今信息量激增的数字化时代，拥有一个开放式的头脑是任何一个人都绝对需要的。任何墨守成规、思想狭隘、故步自封、固执己见的人，都无法成为一个事业的成功者。对于每个人来说都是这样，因循守旧最终是没有出路的。没有创新，就意味着失败；没有思维的转变，就意味着开始走下坡路。每个人要想获得成功，就必须保持开放的头脑，对自己的事业和工作保持兴趣和创新、挑战的精神，而故步自封、因循守旧只能使自己的道路越走越窄。

当我们小有成就时，最忌讳自以为是，死守过去经验的工作态度。世界是充满变化的，若不能跟着潮流脉搏而调整自己的步伐，势必会被时代所遗弃。只有拥有开放式的头脑，如海绵般不停吸取新知识，才能适应这个日新月异的时代。

其实，人的一生应该是一个不断学习的过程，这样才能让思维保持活跃，拥有清晰的思路，使灵感不至于成为无源之水。而保持一个开放的头脑，开放的心灵，乐于汲取周边有益于你的一切，就要不断接受新的知识，去学习，这样才能够大胆创新、激发灵感。保持开放的头脑也意味着和不同的人打交道，和不同的人相处。任何人都不应让偏见和短视来封闭和束缚自己，只有当你头脑和心灵都保持开放，不断地学习，不断交朋友，路才会越走越宽，而自己也会变得一天比一天快乐，一天比一天富有。

心态开放者，更见多识广，更能够学习和借鉴有用的知识，更善于与人沟通合作，自然也就会有更多的机会成功。退一步讲，即使心态封闭的人成功了，相信更开放的心理也将会使他如虎添翼。而且，一个拥有开放心态的人，通常也不会是一个特别固执的人。

心态不开放，便会意识不到形势的变化，只认一个理，只信奉一元的价值观，一条道走到黑。其实，“条条大路通罗马”，只要合理，就不拒绝改变，这才是开放者所应有的心态。

开放的心理，是一种主动进攻的强势心理，一种积极沟通与合作的处世原则，更是一种心胸开阔的生活境界，能使弱者变强，强者更强。反之，封闭和保守的心理，则是一种弱势和防守的心理，一种故步自封的被动挨打哲学，使弱者更弱。

# 十八　真正的力量是谦卑

美国著名军事家麦克阿瑟曾经在给他儿子的信中说：真正的智慧是开放的心灵，真正的力量是谦卑，真正的伟大是简朴。

谷子成熟了，就低下了头；向日葵成熟了，也低下了头。昂头是为了吸收正面的能量，低头是为了避让危险的冲撞，事实如此，正应了一句俗语："低头的是稻穗，昂头的是秕子。"

植物如此，倘若不低头，就不会成熟，风会将之吹折，雨会将之腐朽，鸟儿也会将果实作为食物而果腹充饥，只有空空如也的秕子，才会昂着头招摇在风中。

人生也如此，至刚易折，至柔则无损，上善若水，是最好的选择，便利万物，而又能高能低，能屈能伸，方能顺利长远。

所谓谦卑，不是无能，而是懂得谦让，不是无我，而是心中有他人。它是强大后的谦让，是一种成熟后的从容，是一种得道后的多助。

生活中，如果一味地昂着头生活，那就会给人一种趾高气扬、不可一世的感觉，让人敬而远之，久而久之，人们就会觉得这是一种傲慢无礼、目中无人的傲气，会不被认可，或遭人排挤。

现实里，如果一味地低着头，那就会给人一种懦弱、无能、胆小怕事的感觉，别人也会趁机欺负打压，久而久之，会让人们看不起，而作为另类处理。

而适时的谦卑，却是一种智慧，是一种豁达的胸怀，是忍的境界；适时的谦卑，不是委曲求全的懦弱，是“留得青山在不怕没柴烧”的深谋远虑。

而成熟的标志，是一种百炼成钢绕指柔的状态，知道什么时候昂头，知道什么时候低头，柔刚并进，进退有度，是一种谦卑的姿态。

俗话说：“懂得低头才能出头。”有时候稍微低一下头，是一种宽容，是一种从容，是一种竞争的避让，是一种生存的智慧，留有一点存在的机会，才会有出头的可能。

有的人，不屑于低头，直来直去，硬撑强做，一直奉行“宁可玉碎不为瓦全”的精神，到最后伤害了别人，也断送了自己。

有的人，把低头看作耻辱和退缩，总觉得刚、猛、直才是英雄所为，才是硬汉子的做法。做事横冲直撞，锋芒毕露，却不知，即使是最硬的弓，拉得太满也会折断，更不知道，即使是最美的月亮，也会有盈亏的自然之道。

适时的低头，就是需要我们的人生有弹性和韧性，低头的避让是为了更坚定地前进，勾践卧薪尝胆，韩信受胯下之辱，这些典故充分说明了“小不忍则乱大谋”的低头智慧。

适时的低头，是成熟的标志，是一种取舍的智慧，不是无原则的妥协，而是理智的忍让和忍耐，不是无条件的迁就，而是有意识的谦让和迂回，是一种巧妙的人情练达。

成熟的人，是不会让自己撞得头破血流，成熟的人，是不会在绝望面前孤注一掷，而是在碰到问题时会选择谦让，先收回拳头、先集聚力量，再适时施展力量，这既是一种策略，也是一种智慧。

谦卑是一种宽容与大度，也是一种成熟和智慧，更是一种强大与力量！

# 十九　真正的伟大是简朴

老子《道德经》言："万物之始，大道至简，衍化至繁。"意思是万物最开始的时候，一切都是最简单的，经过演化后变得复杂。

大道至简意味着"少而精"，反面是博大精深，意味着"多而广"，两者是一对矛盾，是一体的两面，是人生在世的生活境界。大道至简，大道无形，大道无法，这是一种大道自然、返璞归真的高级形态。

大道至简，是宇宙万物发展之规律，是中华文化之精髓，是中华道家哲学，是大道理极其简单，简单到一两句话就能说明白。正所谓"真传一句话，假传万卷书"。

大道至简，人生亦简。简不是物质的贫乏，而是精神的自在；简不是生命的空虚，而是心灵的单纯。大道至简是最高的道理，也是最简明的道理，人要学会简单、简朴生活，放下自己的私心杂念，真正忘记自己的思想，进入忘我忘物的状态。

大道至简，大道无形，大道无法，这是一种大道自然、返璞归真的高级形态。在这种清净无为、忘我无私、天人合一的状态中，不求长功，功力自然上长；不求治病，身心自然调整；不求功能，功能自然显现；不求大小周天，百脉自然畅通。最深刻的真理是最简单、最普通的真理，把最复杂的变成最简单的，才是最高明的。最伟大的人仅仅因为简单才显得崇高。大道至简，人生亦简。开悟，深奥了就简单，简单了才深奥，从看山是山，到看山还是山，境界不一样，从简单到复杂，再从复杂到简单，就是升华。

“大道至简”是做人的智慧，做人做事要将一件复杂的事情化为简单，那是需要智慧的。将繁杂的事情回归到简单，要有智慧、能力，也要有决心。有智慧的人都喜欢大道至简，因此，功和利，不可趋之若鹜；名和财，不可为之所累。淡泊以明志，宁静以致远。我们要简简单单做人，踏踏实实做事，用智慧化繁为简。为名利尽抛宠辱，清纯似儿时天真的童真，朴实如父辈耕耘的沃土。只有心情平静的人方能视见“斜阳照墟落，穷巷牛羊归”的悠闲；听闻“荷风送香气，竹露滴清响”的天籁；感受那“空山不见人，但闻人语响”的空旷。陶渊明就是这样的人，所以他能够吟出“采菊东篱下，悠然见南山”的绝句；欧阳修也是这样的一个人，所以他在谪居时仍能悠然自得地写出《醉翁亭记》。

什么是简朴？说直白了，就是为人简单明了、朴素大方、随意自然。这不是能力的问题，是一个人的个性与气质，是性情问题。简朴的人，不做牌子、不摆谱，与人相处，平等待人，真诚待人，不自视高人一等。也能随方就圆，不固执，好讲话。这种人容易融入群体，具有亲和力、向心力，受人欢迎，得人敬重。

与简朴相反的另一种人，是做牌子、好摆谱，喜欢拿捏身份，显出高人一等。这种人与人相处，好做鹤立鸡群状，用俯视的眼光看待别人，以显出自己的与众不同。这种人难有亲和力，更难说有人格魅力，多数人对他敬而远之，或干脆不把他当回事，你做你的牌子去吧，我懒得理你。

简朴的人一般都谦虚谨慎，听得进不同意见，善于与不同意见的人沟通；简朴的人不自视很高，所以又能够多看到别人的长处，喜真诚地赞赏别人；简朴的人豁达大度，与人为善，能待人以诚。

一个很简朴的人，有淡泊处世的超然，曾经沧海的淡然，毫不做作的自然，是长期修炼出来的内功。

人的身价，不是摆出来的，而是由其自身的内涵透出来的。好做牌子，好摆谱，正好说明自身的修为不够，缺乏自信，所以，要虚张声势。而简朴的人，对自己对他人对社会独有清醒的认知，得之自然失之淡然，胜不骄败不馁，不需要摆谱与做作，也应了老百姓的一句话：满瓶的不摇，半瓶的晃得凶。

# 二十　有情有意有抱负，决定人生幸福与成功的终极要素

影响人生幸福和成功的因素很多，知识、能力、阅历、智慧、社会关系等等，但是意志、情怀和抱负，是影响人生幸福和成功的终极因素。特别是在面对人生苦难与挫折时，人的意志、情怀与抱负的重要性就显得尤为突出。

2017 年 4 月 4 日，2016 年国际安徒生奖在全球最大的童书展会博洛尼亚书展上揭晓，中国作家曹文轩获得儿童文学作家奖。这是中国作家首次获得这个堪称“小诺贝尔奖”的儿童文学至高荣誉。在点评时，国际安徒生奖评委会主席帕奇 · 亚当娜说：“曹文轩的作品书写关于悲伤和苦痛的童年生活，树立了孩子们面对艰难生活挑战的榜样，能够赢得广大儿童读者的喜爱。”

1954 年 1 月，曹文轩生于江苏盐城的一个小乡村。曹文轩的童年在物质的窘迫中度过，“苦难”是其童年记忆中的一个关键词。因为作家具有的坚强意志、悲天悯人的情怀以及远大的理想与抱负，使得这种童年的苦难最终转化为他巨大的精神和文学财富。“《草房子》的主人公，就是小学时

候的我，《青铜葵花》的主人公，就是中学时候的我。”坦诚地介绍自己的作品与写作时，曹文轩干脆利落地说：“快乐并非最佳品质，总是快乐会让人滑向轻浮与轻飘，失去应有的庄严与深刻。傻乎乎地乐，不知人生苦难地咧开大嘴来笑，是不可能获得人生质量的。童年苦难在的时候，你是从内心拒绝的，可是在多少年之后，它会转换为财富，你是想象不到的。”

苦难是动力的催化剂；苦难是一本启智的经书；苦难又是一位深沉的哲人；苦难是人生一道永远开放着绚丽花朵的风景。不经过挫折，怎知道路之坎坷；不经过磨炼，怎知意志之坚强；只有在人生道路中与苦难交锋，才知苦难也是一种财富。

记得自己小时候，家里也是非常贫穷，穷得我们现在许多人都不会相信：因为家里人口多，下饭的菜又少，经常几个姐姐下饭时，都用开水来泡饭吃……家里的贫穷一直到我上大学后也没有多少改观，记得每个学期开学时，是我最难过的时候，家里没有钱，很多时候父母只能去借我上学的路费和书杂费，基本上每次除去路费和要上交的其他费用外，身上就不剩任何闲钱了！以至于从家里坐车到省城路上的一整天，中午路途休息吃午饭时，我基本上都躲开不吃，自己饿着肚子到天黑，尽管午餐费只需要一元钱……

物质的贫穷已经让我备受打击，精神的贫穷更让人迷失方向！父母都是目不识丁的农民，从来没有出过远门，也没有什么见识与阅历，知识的缺失、视野的狭窄、思想的贫乏，都让我这个从小就有一点理想与追求的人，经常迷失方向，只能有泪自己擦、有痛自己疗、有血自己拭，一心向阳，不断成长……

苦难与贫穷也有它的益处，就是从小我就明白：天底下没有免费的午餐，一分耕耘一分收获，苦心人天不负，一切都要靠自己！所以自我成年开始，从来都没有想到过要去靠谁，都是靠自己努力去拼搏：读书上大学靠自己，找工作靠自己，出国留学靠自己，结婚靠自己，买房买车靠自己，晋职提升靠自己……

靠自己，能使自己生命不断成长、不断坚强！不仅会使自己的物质财富不断积累，更加重要的是，会使自己的经验不断丰富、心智不断成长、人格不断健全！

困境是造就强者的学校，苦难是人成长的摇篮。

# 二十一　生命，唯苦难过才完美

没有阳光，就没有日子的温暖；没有了雨露，就没有五谷丰登；没有了苦难，人生就缺少了一种风景，甚至缺少了一种成长的过程。

苦难是一把神奇的钥匙，书写着人生的境界。中国许多绵延多少年的古老传说，都在告诉我们不畏苦难，无论生活还是生命，都需要在苦难中前行；苦难是生活中的调味剂，将生活变得厚重。虽然苦难的人生会将人弄得遍体鳞伤，但强者却在苦难中成就了那颗意志坚定的心；没有苦难的生活是一种悲哀，犹如千里马丧失了迅速奔跑能力，我们失去了对苦难来临前的承受与准备。当人生的苦难不在，我们会渐渐变得轻浮与浅薄。是苦难让强者精神倍足，犹如裂空而出的闪电，震撼心灵中软弱与逃避的一角。走在苦难的生活里，活得坦然，惊奇而又清晰。没有苦难的人生，是一种残缺。只有经历过苦难，人生才完美。

我出生在江西省兴国县高兴镇长迳村良村，父母都是目不识丁的农民，母亲一辈子生了12个小孩，养活了8个，有几个小孩都是在三五岁生病时，因为家里贫穷无钱医治而亡，其他8个兄弟姐妹基本上也是靠天生天养，万一有个三长两短，就只能是听天由命了！这个确实也一点都怪不了父母，父亲只知道一天到晚在外辛苦劳作，母亲除了为全家做好一日三餐及带好几个小孩外，基本上也无暇顾及其他了……

从记事开始，劳苦与饥饿就一直都陪伴着我，记忆深刻！

记得从六七岁开始，每天早晨，天还没有亮，我便会被叫起，随着大人（主要是我五姐）一起走十几里山路，有时候，到了山上都还没有天亮。然后，五姐帮着我砍好柴，又帮我捆好后，我便一个人担柴先回家。到家后，急匆匆地吃上几口饭，便丢下饭碗，跑步去离家一公里左右的学校读书了。中午放学回家后，母亲安排我要先去割好一篓牛吃的青草后自己才能吃中饭。那时还是大集体时期，我们家负责养一头生产队的牛，上午牛在生产队耕地，所以中午必须有好的草料，牛下午才有力气继续耕种。当时也有一些农户，中午休息时只把牛牵去野外放养，无须专门割草喂牛。但我母亲坚决不允许这样，她宁愿自己的孩子辛苦一点，也不愿让生产队的牛给饿着！其实母亲不仅对牛如此，对别人也一样，尽管家里那时贫穷，但是如果有人到家里来，母亲总是千方百计地把好吃的东西找出来，让客人吃，而她自己的子女，一般都是只能眼巴巴地在旁边看着。

下午放学回家后，又要去拔一篓鱼吃的草，有时候要到天黑才能完成任务。记得有一次拔完一篓鱼草后，天已经黑下来了，我还需要把鱼草推送到鱼塘里去。鱼塘是在离我家屋后不远的大路下面，离大路还有十几米的距离，大路和鱼塘之间是一个陡坡，沿着陡坡有一条小路可以下去，小路两边长满了杂草。等我下去把鱼草推送到鱼塘去后，转身往大路爬上来时，黑暗中看见有一条花白、大且长的银环蛇横亘在陡坡的小路上，因为两边都是杂草，只能看到银环蛇的中段在蠕动，并且还不知道银环蛇的蠕动方向，当时只有十一二岁的我，吓得哇哇大哭，不顾一切地朝着比较平坦的地方拼命跑去，一边跑一边大哭大叫，光着的双脚也早已不知道疼痛。听到我撕心裂肺的叫喊，母亲赶忙跑出来，这时的我，早已经是泣不成声了。

晚上吃完晚饭后，又还要帮着切猪菜，做完之后才能去睡觉。在那个时候，一到冬天家里会把鱼塘放养的鱼，请人帮忙做成鱼丝，因为工艺多且复杂，一般要到第二天凌晨三四点才能结束，由于家里那时没有通电，所以父亲就叫我拿着一盏煤油灯一直站在师傅的旁边。那时的我，毕竟还小，又从小害怕父亲，想睡觉了也不敢对父亲说，到了晚上十一二点，自己就一边还站着一边就睡着了，睡着了后提在手里的煤油灯就掉落在地上了。尽管煤油灯并没有摔坏，但盛怒的父亲走过来就是狠狠的一巴掌，打得我在原地转了一圈之后，才醒过来。

那时候的日子，基本上就是这样过，日复一日。早上天不亮去砍柴，然后上学；中午放学回家后先割好牛草再吃饭；下午放学后拔鱼草；晚上吃完饭后再切猪菜……

小时候饥饿的感觉也经常伴随。记得那时候由于家里人口多，劳力又不足，经常吃不饱，没有粮食，经常靠红薯及红薯叶子当主食，记得那时候母亲经常学我说的一句话："红薯叶子真好吃、真好吃！"因为是大集体，大家上午干完活中间会休息一下，会发三两花生给干活的填填饥饿的肚子。父亲那时是家里的顶梁柱，孩子又多（8 个）且小，分到手的三两花生，被孩子你几个我几个瓜分得不剩下几个了，饥肠辘辘又要干重体力活的父亲，只好将花生壳嚼碎一起吞下……饥饿的感觉一直到我上大学后也没有多少改观，记得每个学期开学时，是我最难过的时候，家里没有钱，很多时候父母只能去借我上学的路费和书杂费，基本上每次除去路费和要上交的其他费用外，身上就不剩任何闲钱了！以至于从家里坐车到省城路上的一整天，中午路途休息吃午饭时，我基本上都是躲在一边等着别人吃完饭，自己饿着肚子到天黑，尽管午餐费只需要一元钱……

生命，就像一场永无休止的苦役，不要惧怕和拒绝苦难，超越苦难，就是生活的强者。任何经历都是一种累积，累积得越多，人就越成熟；经历得越多，生命就越有厚度。痛苦并成熟着，快乐并丰满着。用一颗感恩的心去感谢生活赠予我们的一切，用坚强造就你独一无二的人生，面对逆境，潇洒走一回，一切都无所谓，这何尝不是一种领悟呢？！

面对苦难，我并没有抱怨，更没有沉沦，而是不断努力，不断拼搏，去不断地实现自我与社会价值，为社会做出应有的贡献。

# 二十二 生命，唯拼搏过才精彩

我知道一个真正有成就的人，也必定是在无数次的顽强拼搏后才能展现出人生的精彩。正如作家冰心所说：成功的花，人们只惊羡她现时的明艳，然而当初她的芽，浸透了奋斗的泪痕、牺牲的血雨。人生，唯有奋斗，才能活出精彩。没有奋斗的人生，犹如一潭死水，平静，却令人消沉，看不到希望；奋发向上的人生，犹如波澜壮阔的大海，高低起伏，精彩无限！

我是1981年从兴国高兴中学（一所农村中学，现已撤销）以全校文科第一名的成绩考上江西师范大学教育系的。记得在高中读书时，一个星期只从家里带一瓶腌菜到学校，有时候因为没有计划好菜量，中途很快就没有了，于是没办法只好等到晚上十点晚自习结束后，约上几个同村的同学一起回家，把睡梦中的母亲叫醒，帮我炒上一瓶腌菜后，又趁黑赶回学校，到学校后，通常是第二天凌晨一两点了，此时学校早已经大门紧闭，我们只好越墙而入。

进入大学后，面对知识的海洋，自己就像一头牛撞进了一块菜园里，永远都不愿意出来。大学四年，没有到外面去看过一场电影，没有去游览过一次公园，基本上是天天在读书学习。直到今天，我也还在不断学习，笔耕不止，和书结下了不解之缘，一辈子都在和书打交道，读书、教书、写书、编书……

由于热爱读书，从大学三年级开始，我便开始发表文章，当时《中国卫生画刊·心理卫生》还向我约稿，后来我的大学毕业论文《心理学面临的新课题》也被博士生导师杨鑫辉教授推荐在《江西师范大学学报》（哲学社会科学版）1985年第4期发表，当时我才20岁，后来，该论文还被《中国人民大学复印资料》全文复印，中央人民广播电台“学术漫步”节目介绍，中央教育科学研究所《教育文摘》摘登论点。

大学毕业后，由于成绩优秀，我被学校留校做老师了，一个书生走向社会，面临的问题与困惑会比一般人多很多！喜欢读书的我，走向社会后，对单位许多的人和事都感到不解和迷惑，现实离书本理论太远，甚至完全相反！工作两年后，学校要我参加省直机关讲师团下基层锻炼，我便来到了江西省鹰潭市余江县，一个有血吸虫病的地方。在余江，我并没有因为是暂时下来支教就马虎应对，而是真诚待人，积极工作，全身心投入支教工作中。工作一年后赢得了支教学校领导和老师的一致赞扬，被评为该年度省直机关讲师团支教“先进个人”，受到了省委省政府的表彰，《鹰潭日报》和《江西日报》还分别对我的支教事迹进行了专门的报道。

作为一个初出校门的年轻人，我从没有停止对社会和人生的思考，出版了几本著作，还积极地进行报告文学、散文、杂文的创作，有的还获得了省杂文比赛一等奖。

为了检验自己，锻炼自己，1993年，在发小杨逢春的帮助下，我从江西来到了海南，顺利地进入海南《特区工商》杂志社做记者和编辑，这一走，让我难以再回头，尽管不久我所在的江西师范大学要求我回去工作，但回去后难以回到从前，一颗年轻、喜欢拼搏奋斗的心已经被中国南方的改革开放深深地吸引了，并且从此就再也没有停止下来。

为了寻找更好的发展平台，1994年初，我从老区来到了特区，来到深圳市教育局教研室，讲好了三个月的试用期，由于当时教育局办公室急需一个秘书，经过局长考核，很快就正式调进了市教育局。

为了开阔视野，丰富知识，2002年2月，我又从中国来到了美国，在美国的近一年时间，我不仅学到了许多科学知识，更重要的是学到了美国人民的许多精神，如开拓进取、以人为本、低调谦和、宁静务实等，回国后我开始变得踏实、宽容，开始严于律己宽以待人，开始从我做起，从现在做起，从小事做起，静下心来搞研究，在大、中、小学听课1000多节，和广大教师一起学习一起研究，总结提炼出“生命课堂”这一全新的概念。

“生命课堂”理论的提出与逐渐被社会的认可，也是经过一个艰难的过程。记得在2002年年底，深圳市南山区作为全国课改试验区，区教育局领导邀请我去总结提炼一些好的课改经验与做法，在听了南山区评选出来的课改搞得好的13名挂牌优秀教师的公开课及和其他课改搞得好的学校老师交流座谈后，我们总结提炼出了“生命课堂”这个全新的课堂教学概念，由于是初生之物，无人知晓，不管是在教育的理论界还是实践中，被接受与认可的程度，都非常的低!

当时，我曾向有关单位申请“生命课堂”研究课题，其结果是在课题立项会议上，被“专家”们奚落取笑了一番，大家都表示不知道“生命课堂”是个什么东西！2003年初，我写了《简论“生命课堂”》一文，还大胆地投向了我国教育理论研究最权威刊物《教育研究》，其结果可想而知，到最后被一个编委给否定了。随着研究的深入，2003年四五月，我又写了一篇探讨新课改背景下课堂教学理论与实践的辨证思考的论文（原名为《论十大关系——新课改背景下课堂教学理论与实践的辨证思考》），因为在这篇文章中提出了“生命课堂”这一全新概念而又未在学理上作系统的论述而被国家一研究基础教育的权威刊物在最后定稿时拿了下来！以至于审稿编辑都向我连表遗憾与惋惜。正因为这样，“生命课堂”这一精神的产物，在我的手中，几乎胎死腹中！

就是因为我自己及全国一大批热心课堂教学改革的同人的坚持，以至于如今，只要你在互联网上点击“生命课堂”，有关“生命课堂”的文章铺天盖地，我本人系统论述“生命课堂”的论文《“生命课堂”理论价值与实践路径的探寻》也在我国教育理论与实践研究的一级权威刊物《课程·教材·教法》2008年第1期上发表，并且得到了评审专家的高度肯定与赞扬。

由于不断地学习与拼搏，以及长期的坚持与推动，使我成为我国“生命课堂”理论的首倡者和实践的主要开拓者！先后受邀在全国基础教育改革高峰论坛、全国生命教育年会及台湾大学举行“生命课堂”学术讲座，在全国各地进行“生命课堂”讲座近百场；《深圳信息职业技术学院学报》还开设了“生命课堂”研究专栏，对生命课堂的理论与实践进行专门的研究；我国教育理论与实践研究的一级权威刊物《课程·教材·教法》在2016年第12期也开设了研究专栏“生命课堂研究”，特意邀请我写了一篇文章《论生命课堂及其价值追求》；《特区实践和理论》2016年第2期封二“深圳学人”还专门对我及我的生命课堂研究做了介绍；著作《用生命激励生命——“生命课堂”理论价值与实践路径的探寻》由贵州人民出版社

2005年5月出版，《从“知识课堂”走向“生命课堂”》由吉林人民出版社2011年6月出版、《生命课堂研究丛书》也由电子工业出版社2017年11月公开出版……

如果说生命是浩淼无涯的大海，那么拼搏就是迎着巨大风浪奋勇前进的力量；如果说生命是一座高山，那拼搏就是途中攀爬峭壁的过程；如果说生命是岩缝中的竹子，那拼搏就是艰难的顶裂石头的执着与勇气。生命也许高大也许渺小，但生命因拼搏而精彩。

林则徐说“海到无边天作岸，山登绝顶我为峰”，印度诗人泰戈尔所作《飞鸟集》中也说“生如夏花之绚烂，死如秋叶之静美”，说的都是人生只有一次，人生之路，充满着坎坷，总有千难万险在阻挡，正因为如此，我们要勇于拼搏，让生命在拼搏中绽放精彩。

# 二十三 人生的三重境界：无我、有我、忘我

人的精神生命的成长，一般经历三个阶段。第一个阶段是儿童期，第二个阶段是青春期，第三个阶段是成人期，在每个不同的发展阶段，会呈现出不同的心理特征。

在儿童期，因为他们年龄小、阅历少、见识浅，所以他们判断事物的标准只能是他心目中的权威，而不是依据客观事物本身。上学前，父母是权威，所以，这个时候说“我爸爸说的”，并以此来作为判断事物的标准；上学后，老师是权威，所以，这个时候他经常会说，“这是老师说的”，以老师的言行作为判断事物的标准。当一个人的心理年龄还处在“儿童期”时，通常会缺少自己的主见，没有自己的独立主张，内心力量严重不足，没有自己的独立认识、独立主张、独立行动，在面对自己的人生责任时，会表现出很强的依赖性，体现为“无我”。

如果说“儿童期”是“无我”，那么在青春期恰恰就是“有我”。在这个时期，随着人在生理上的“强壮”，在心理上他也不会盲从别人，而是要确立自己，他要对抗权威，对权威说“不”，希望自己可以和成人“平视”

甚至对抗。当一个人进入到青春期的心理年龄阶段之后，他开始要彰显个性，而彰显个性最突出的表现就是对抗权威。对于青春期心理年龄的人来说，那个权威可能是父母，可能是老师，也可能是单位的领导。

青春期的“有我”与“儿童期”的“无我”形成了个人生命成长的两个极端，儿童期是顺从他人的极端，青春期是否定他人的极端，这和两个时期孩子的生理发展和心理发展密切相关，也都是心智成长还不成熟的表现。仅就青春期心智发展来看，青春期心理年龄实际上是一个表面上充满力量、实际上内心力量严重不足的矛盾统一体，一方面他们追求独立，实际上还严重依赖他人，他们觉察到了自己独立的部分却忽视了自己依赖的部分。

一个人真正的成熟就是生命境界提升到第三个层面即“忘我”。“忘我”不是“无我”，也不是只“有我”，而是能客观公正地根据事物本身的本质和规律来判断事物，并结合他人和自己的主观需要来决定取舍，跳出非此即彼的极端思维，走向“亦此亦彼”的多元思维，使我们看世界更全面、更客观、更准确，使我们做选择更多元，有更多的可能性。

“忘我”的生命境界还有一层意思，就是到达了这种生命境界的人，不仅能客观公正地根据事物本身的本质和规律来判断事物并结合他人和自己的主观需要来决定取舍，跳出非此即彼的极端思维，而且能对别人有更多的理解、包容和爱，能够更多地站在别人的立场观察与分析问题、解决问题，真正进入“大爱无语”“大象无形”“大音希声”的境界！

# 二十四　人生幸福：应该遵循的最高原则

在现实生活中，很多事物，我们总喜欢分个好坏、争个高低。比如季节，我们总会问春天好还是秋天好？比如鞋子，我们就会问高跟鞋好还是平底鞋好？比如职业，我们总是问从政好还是从商好？……种种这些疑问，我们都忘了从自身特点及需求出发来寻找答案，大都随大众喜好而随波逐流。

其实，世间客观存在的万事万物，离开了人的主观需要，就无所谓好坏；客观存在的万事万物，只有和人的主观需要产生了联系，才体现出价值的高低、作用的大小。世间万事万物，适合自己的才是最好的，生命的最高原则就是适合自己！

有一个寓言故事，说的就是这个道理：公鸡登上一堆沙土，在上面刨了个不亦乐乎，它忙忙碌碌地想找点食物，最后却翻出了一颗珍珠。公鸡说："这个宝物尽管光彩夺目，对我却毫无用处，还不如找到一颗麦粒，用它来填饱肚子。咱们庭院里的鸡鸭羊猪，都喜欢吃麦粒，要这珍珠干什么呢？我用不着佩戴这个宝物，也不想用它来打扮自己，就让人们去把它当作宝贝吧！"说罢，公鸡把珍珠丢到一边，继续去翻找它的麦粒。

生活中，有些人总是缺乏智慧，常常去羡慕别人、羡慕名人，总觉自己太过平凡，事实上，名人自有名人的烦恼，凡人自有凡人的自在和洒脱。居闹市可以开怀大笑，掬山风可以纵情一吼，这种凡人的自由随性，何尝不是深居简出的名人所羡慕和企盼的呢？

鞋，不一定漂亮，只要自己穿着合脚，那就是最好的。又如婚姻，又如爱情，在别人眼里，可能并不值得羡慕，或许还可能是不可思议，但如果自己感觉幸福，那就是幸福；自己感觉快乐，那就是快乐。

好高骛远，是一种不切实际，更是一种奢望。我们有些时候，总是选择原本不适合自己的路行走，结果总是碰得头破血流，即使经过努力到达了一个终点，回头望望，仍是一脸迷茫，因为那个过程并非自己当初想要的，那个终点也并非自己想象的那样美好。

记得自己年轻时也曾经是那样的不切实际、好高骛远，也确实是在社会现实面前碰得头破血流。刚刚大学毕业时，意气风发、高谈阔论、舍我其谁！有诗和远方，却没有注意自己脚下的路，一路奔跑，一路挫折，摔倒了自己擦干身上的血和泪，又继续前行！从农村到城市，从老区到特区，从大特区（海南）又到小特区（深圳），又从中国到美国，不停地寻找适合自己的地方，经过千辛万苦最终才明白，路在心中、路在脚下，适合自己的不在别处，也不在远方，就在自己的心中，就在自己的脚下。

生活，在于选择，把自己摆在一个合适的位置，选择适合自己的生活与生存的方式，即使不是功成名就，只要心是快乐的，那就是最好的。

法国哲学家狄德罗说过：知道事物应该是什么样，说明你是聪明的人；知道事物实际什么样，说明你是有经验的人；知道怎样使事物变得更好，说明你是有才能的人。

寸有所长，尺有所短，大千世界，人生各异，人与人之间，不必去进行太多的比较，过好自己的生活、走好自己的人生之路，不去羡慕别人，也是一个人成熟的象征。

既然不能像太阳那样照耀大地，那么，就像星星一样闪烁发亮吧；既然不能像参天大树那样傲然挺立，那么，就像小草那样给大地增添一抹绿色吧；既然不能像海洋那样海纳百川，那么，就像水滴那样滋润万物吧。……

适合自己的，就是最好的！

# 二十五　人生幸福的“双翼”：事业和情感

一个人人生的终极追求目标是幸福，这是人生的根本追求目标，其他的追求目标都是工具性目标。但是在实际生活中，很多人都没有明白这个人生道理，把工具性目标当成了根本目标，把工具性质量当成了根本质量，产生了许多人生的缺憾，以至于人生不幸福。

人和动物相比，最大的相同点就是都会传承生命。没有生命的传承，这个物种就会灭绝。因此，越是幸福的家庭传承的生命，得到的滋养就越多，生命力就越来越强有力！

人和动物相比，最大的不同点是什么？就是人具有创造性，而动物没有。人类能通过工作和事业创造和改变着世界，每个人都从世界获得必要的资源，使自己成长，为这个世界做出自己的贡献。许多人的贡献大于获取。于是，他们为世界创造了许多财富，这些财富的总和，便构成了世界的进步。

人是创造者，他们通过工作和事业来创造世界，通过生活与家庭来创造生命，缺少任何一个方面的创造都是不完整的创造。通过工作和事业来创造世界是一种工具性的创造，它是为个人和家庭幸福这个根本服务的。当两个创造完成的时候，我们便达到了事业与家庭双丰收的圆满幸福人生。如果缺少一个创造，就会有许多人生的缺憾，以至于人生不完满、不幸福。

季羡林是国际著名东方学大师、语言学家、文学家、国学家、佛学家、史学家、教育家和社会活动家。历任中国科学院哲学社会科学部委员、聊城大学名誉校长、北京大学副校长、中国社会科学院南亚研究所所长，是北京大学的终身教授，与饶宗颐并称为“南饶北季”。

他早年留学国外，通英文、德文、梵文、巴利文，能阅俄文、法文，尤精于吐火罗文（当代世界上分布区域最广的语系印欧语系中的一种独立语言），是世界上仅有的精于此语言的几位学者之一。为“梵学、佛学、吐火罗文研究并举，中国文学、比较文学、文艺理论研究齐飞”，其著作汇编成《季羡林文集》，共24卷。生前曾撰文三辞桂冠：国学大师、学界泰斗、国宝。是2006年感动中国十大人物之一。

从他的个人介绍来看，在事业方面，他绝对算得上是一个巨大的成功者，但他自己在其所著的《季羡林谈人生》一书中却说：“每个人都争取一个完满的人生。然而，自古及今，海内海外，一个百分之百完满的人生是没有的。所以我说，不完满才是人生。”为什么呢，如果你了解了他的人生、了解了他的家庭生活、了解了他的情感生活，你也就知道他为什么会这样说了！

一个人的幸福，一半来自事业的成功，另一半来自家庭中的亲情。家庭亲情来自四个方面，一是父母之间的爱与被爱；二是夫妻之间的爱与被爱。三是与孩子之间的爱与被爱；四是与兄弟姐妹之间的爱与被爱。对于季羡林而言，他在事业方面取得了巨大的成功，因此。在事业方面的满足感，他可以得满分。

季羡林和父母之间的爱与被爱是极少的状况。他出生于山东的一个普通农家，六岁时离开亲生父母，为省城的叔叔家所收养。后来提及在叔父家的时光，季羡林经常用到“寄人篱下”一词。对自己的母亲，季羡林也只得到了有限的母爱，更多的不是爱与被爱，而是深深的内疚。他曾说：“我不忍想象母亲临终思念爱子的情况，一想到，我就会心肝俱裂，眼泪盈眶。当我看到母亲的棺材，看到那简陋的屋子，我真想一头撞死在棺材上，随母亲于地下。我后悔，我真后悔，我千不该万不该离开了母亲。世界上无论什么名誉，什么地位，什么幸福，什么尊荣，都比不上待在母亲身边。”对于母亲，几乎没有爱和被爱来滋润季羡林的心灵空间，留下的只是永久的缺憾。

在夫妻之间的爱与被爱方面，季羡林 18 岁与彭德华结婚，彭德华自幼丧母，只有小学文化水平，是一个真正善良的人，一生没有跟任何人发过脾气。上对公婆，她真正尽了孝道。下对子女，她真正做到了慈母。中对丈夫，她绝对忠诚，绝对服从，绝对爱护。她是一个极为难得的孝顺媳妇、贤妻良母。但是由于这是一段由叔父包办的婚姻，加上夫妻二人文化和价值追求方面的差异，缺乏共同语言，所以在很长一段时间内，季羡林对妻子基本上是若即若离且敬而远之。他在《清华园日记》中多次写到：“家庭，理论上应该是很甜蜜，然而我的家庭，不甜蜜也罢，却只是我的负担”“非走不行了——我希望能永远离开家庭，永远不回来”。

在与子女之间的爱与被爱方面，季羡林有一对儿女，儿子叫季承，女儿叫季婉如。由于缺少陪伴和关心，季承自小也很少得到季羡林的教诲，所以父子关系一向冷淡。1994年，季羡林的妻子彭德华因病去世，在4万元丧葬费用中，季羡林要求作为儿子的季承出2万，一个要求出，一个不愿出，结果父子交恶。季羡林此时便扬言要与之断绝关系。1995年，季羡林父子之间的矛盾开始表面化了，并最终决裂，13年不曾相见。13年后，双方终于冰释前嫌。儿子季承曾在接受一档电视节目的采访时说："我从小就不知道父亲这回事。"儿女俩人都从来不叫"爸爸"，儿子一直用"季先生"来称呼父亲，女儿则称呼父亲为"季博士"或"季教授"。

在兄弟姐妹之间的爱与被爱方面，季羡林是独子，没有兄弟姐妹。

与家人亲情全方位缺失相对应，季羡林在工作与事业中却是满满的收获。季羡林一生出版了许多著作，赢得了许多人的尊重，被奉为"学界泰斗"。温家宝曾五次看望季羡林，称他的作品"如行云流水，叙事真实，传承精神，非常耐读"。称"您写的几本书不仅是个人一生的写照，也是近百年来中国知识分子历程的反映"。季羡林在工作与事业中所得到的满足感几乎是满分，但他在家人中的爱与被爱却几乎为零。这些大约就是他自己总结自己人生"不完满才是人生"的原因吧！

所以，要想获得幸福美满的人生，既要在工作与事业中努力奋斗，又要在家庭和亲情上全心呵护、倾心付出，只有这样，才能有一个理想的人生。

# 二十六 人生，付出与回报总体上是平衡的

从宏观、一般、历史的角度来看，人在得到与失去之间、付出与回报之间、耕耘与收获之间，大体上是平衡的。

有得必有失：生就男儿身，便失去了女儿态；得到了成熟，就失去了天真；拥有了喧嚣的城镇，就丧失了寂静的山村；想要小溪的清澈，就看不到大海的磅礴……

失去也意味着一种得到：磨炼换来成长，辛勤带来收获，挫折引领成功之路，遗憾又不失为另一种美丽……仗义疏财，得到人心；肝胆相照，得到知心；淡泊名利，得到安心；清心寡欲，得到舒心。

世人总以为天下什么都可以得到：得江山，得财富，得佳偶。却不知失远远大于得：七十二行，能择几行？满天飞鸟，能逮几只？天下美景，能览几处？

年轻的时候，不懂得得；中年的时候，舍不得失；只有到了暮年，才知道有些东西，当你完全拥有时，才觉索然无味；有些东西，当你永远失去时，方知珍贵无比。

人生苦短，要来的阻挡不了，要去的挽留不住。在这得失之间，只要你耕耘过、播种过、浇灌过，收获多少不是成败的唯一标准，重要的是藏在细枝末节里那种使你痛、使你恨、使你爱、使你终生难忘的一次次痛心疾首、刻骨铭心的经历。

或许有人早一点得到，有人晚一点得到；有人先失去，有人晚失去，但那个总数将会一样。你曾经有多少快乐，当你失去就会有多少悲伤。到了死亡每件事都会变成一样。

死亡会让一切都变得公平，在死亡当中，没有富人或穷人之分，不会说有钱人死得比较舒服，穷人死得比较痛苦。死亡会显露全部，它一直都是十分。有人得到十分，到他离开时候，他就必须失去十分，那将是“十分的痛苦”，这是绝对公平的。所以，人生真的不必太计较，不必刻意去算计，只要去体验就好。

现在有一些人，他们总希望多得到少付出甚至不付出，希望收获丰硕尽量少洒汗水，殊不知，没有付出哪里会有真正的收获，没有辛勤的耕耘哪里有真正的得到！我们有时只看到物质的收获，却没有看到比物质收获重要得多的精神收获、心智成长！而人的心智成长、健全人格就是通过在实践中的一次次摸爬滚打、一次次刻骨铭心、一次次流血流泪，而变得丰富、坚强！不经历风雨，怎能见彩虹，没有努力的艰辛、挫折的痛苦、求索的漂泊，哪里会有胜利时的激奋、庆祝时的高歌、成功时的辉煌！

# 二十七　让真善美充满心灵

哲学家带着一群弟子去漫游各国，十年间，他们游历了许多地方，拜访了数也数不清学问深厚的名人隐士，现在他们回来了，各个满腹经纶。哲学家在郊外的一片草地上坐下来，给弟子们上了最后一节课，说：

“十年游历，你们都已是饱学之士，现在这次游历就要结束了，我们上最后一课吧！”弟子们围着哲学家坐了下来。

哲学家问：“我们现在坐在什么地方？”

弟子们答：“现在我们坐在旷野里。”

哲学家又问：“旷野里长着什么？”

弟子们说：“旷野里长满杂草。”

哲学家说：“对。旷野里长满杂草。现在我想知道的是应该如何才能最好、最彻底地除掉这些杂草。”

弟子们非常惊愕，他们都没有想到，一直在探讨人生奥妙的哲学家，最后一课问的竟是这么简单的一个问题。

一个弟子首先开口，说："老师，只要有铲子就够了。"哲学家点点头。

另一个弟子接着说："用火烧也是很好的一种办法。"哲学家微笑了一下，示意下一位。

第三个弟子说："撒上石灰就会除掉所有的杂草。"

接着讲的是第四个弟子，他说："斩草除根，只要把根挖出来就行了。"

等弟子们都讲完了，哲学家站了起来，说："课就讲到这里了，你们回去后，按照各自的方法去除一片杂草。一年后，再来相聚。"

一年后，他们都来了，不过原来相聚的地方已不再是杂草丛生，它变成了一片长满谷子的庄稼地。弟子们围着谷地坐下，等待哲学家的到来，可是哲学家始终没有来。但哲学家的良苦用心没有白费，他的弟子们都已经领会了其中的人生哲理。

若干年后，弟子们在整理他的言论时，私自在最后补了一章：要想除掉旷野里的杂草，方法只有一种，那就是在上面种上庄稼。人的心灵就这么大，要想赶走那些不好的东西，实在太简单了，只要多往里装些好的东西就行了。

同样，要想让灵魂无纷扰，唯一的方法，就是用美德去占据它。要想让心灵更纯净，不至荒芜，让坏思想没有立足之地，最好的办法就是培养自己的美德，养成良好的习惯，不断完善自身。要用我们不断修行的良好品德，才能除掉我们心灵上的杂草。

种上稻谷，杂草没有了，同时又收获了粮食；培养了真善美，假恶丑就没有了立足之地，两全其美。

在现实生活中，有真善美，也存在假恶丑；世界上好人很多，坏人也不少；有一生努力、奋斗拼搏的人，也有得过且过、消极颓废之士……别人怎么样不重要，关键的是我们自己怎么去选择。

其实短期来看，是选择真善美、做好人、一生努力、奋斗拼搏，还是选择假恶丑、做坏人、得过且过、消极颓废，在一时一事一地上，还真是难分高低、难见效果！只有从长期来看，我们才真正能看到、体会到真善美、做好人、一生努力、奋斗拼搏带给我们许多意想不到的结果：

首先，是在物质层面的收获。一分耕耘一分收获，天道酬勤，厚德载物等这些话都在告诉我们，努力奋斗拼搏的人，一定能取得事业的成功，在物质层面收获丰硕。

其次，是能力方面取得进步。实践活动是人类能力发展的源泉与动力，人的主体活动是人认知、情感、行为发展的基础。“活动”与“发展”是一对基本范畴，“活动”是实现“发展”的必由之路。无论人的思维、能力、智慧的发展，还是情感、态度、价值观的形成，都是通过主体与客体相互作用的过程实现的，而主客体相互作用的中介正是人参与的各种社会实践活动。人要实现自身能力的发展与飞跃，就必须先让自己作为主体去参加各种社会实践活动，在活动中去完成学习对象与自我的双向构建，实现主动发展。否则，人就像温室中的幼苗，永远都长不大、长不好！

最后，是人的精神得到成长、境界得到提升。人的精神成长和境界的提升，实践与经历是一个先决条件，世界上没有先知先觉的人，只有不断地实践与经历，心灵才能够不断地成长；世界上也没有天生知识渊博能力超强的人，只有不断地努力与积累，知识才能够不断地丰富，心智才能够不断健全，境界才会逐渐变得高远！

# 二十八　品德，既是社会需要，更是自我发展的需要

《国语·晋语六》中说："吾闻之，唯厚德者能受多福，无福而服者众，必自伤也。"是说君子要像大地那样厚重广阔才能厚德载物。

品德本质上讲就是一种自我牺牲，爱心的内涵在于心中装着他人。有德者有福，说明了优秀的品德正是幸福的源泉与引路人。品德的可贵之处在于它不仅是社会需要，更重要的是自我发展需要。

首先，品德决定人生的成败。决定人生成功有三大要素：乖巧、能力、品德，其中，品德是决定人生成功的最根本要素。古圣先贤就教育我们：小成靠智，大成靠德！

其次，市场经济条件下，品德能够为主体求得最大化的利益实现，正因为如此，主体才给品德在市场领域留下了一片天地。

最后，品德不仅为人带来物质上的丰富，还为人提供精神上的愉悦。因为美德不仅可以为个人带来知识、事业、家庭和朋友，更可以决定人的内心中对现实的感受和对生活的态度。这种内心的精神状态，正是一个人幸福与否的最直接的决定因素。而外在的物质条件和人生遭遇对人的幸福

感所起的只是外因作用，品德的作用才是根本，才是内因。

而与此相反，一个心中只有自己的人，有的只是斤斤计较、尔虞我诈，而这些恰恰是烦恼与痛苦的根源。正如罗素在《幸福之路》所说：过分的自我关注正是带来烦恼与痛苦的精神枷锁。

古老的印度流传着这么一首诗：

谁是盲人？是那个看不见另一个世界的人！

谁是哑巴？是那个在该表达爱的时候却不能言爱的人！

谁是穷人？是那个不能摆脱强烈欲望的人！

谁是富人？是那个从心底感到幸福的人！

在现实生活中，凡是太能算计的人，实际上都是很不幸的人，甚至是多病和短命的。专家研究，算计者百分之九十以上都患有心理疾病。这些人感觉痛苦的时间和深度也比不善于算计的人多了许多倍。换句话说，他们虽然会算计，但却没有好日子。

一个太能算计的人，通常也是一个事事计较的人。无论他表面上多么大方，他的内心深处都不会坦然。算计者本身，首先已经使人失掉了平静，掉在一事一物的纠缠里。而一个经常失去平静的人，一般都会引起较严重的焦虑症。一个常处在焦虑状态中的人，不但谈不上快乐，甚至是痛苦的。

爱算计的人在生活中，很难得到平衡和满足。反而会由于过多的算计引起对人对事的不满和愤恨。常与别人闹意见，分歧不断，内心充满了冲突。其实事事不能太精，太精无路；待人不能太苛，太苛无友。懂得退让，方显大气；知道包容，方显大度。

爱算计的人，心胸常被堵塞，每天只能生活在具体的事物中不能自拔，习惯看眼前而不顾长远。更严重的是，世上千千万万事，爱算计者并不只对某一件事算计，而是对所有事都习惯算计，太多的算计埋在心里，如此积累便是忧患。忧患中的人怎么会有好日子过？

太能算计的人，也是太想得到的人，而太想得到的人，很难轻松地生活，往往还因为过分算计引来祸患，平添麻烦。人往往把自己看得过重才会患得患失，觉得别人必须理解自己。其实，人要看轻自己，少一些自我，多一些换位，才能心生快乐。所谓心有多大，快乐就有多少；包容越多，得到越多。

太能算计的人，必然是一个经常注重阴暗面的人。他总在发现问题，发现错误，处处担心，事事设防，内心总是灰色的。人面对是是非非，纷纷扰扰，不看、不听、不想，就能心生清静。有时，烦恼不是因为别人伤害了你，而是因为你太在意。

太能算计的人，目光总是怀疑的，常常把自己摆在世界的对立面，这实在是一种莫大的不幸。太能算计的人，骨子里还贪婪。拥有更多的想法，成为算计者挥之不去的念头，像山一样沉重地压在心上。生命变得没有彩色。

“天行健，君子以自强不息；地势坤，君子以厚德载物。”让自己成为一个道德高尚的人，并且永远牢记：“一个人的幸福与快乐，不是因为他拥有得多，而是因为他计较得少。”

# 二十九　教育，生命的福音

30多年前，一位老师接受了一个人人都不愿意带的班级，因为他们不仅成绩差而且行为表现也差。面对这种境况，这位老师毫不退缩，直面困难，怀着一颗虔诚的心，用爱、善良和她的智慧，把这一群人人都嫌弃的“调皮蛋”教育成了不仅成绩好而且懂礼貌、有孝心、懂感恩的人。

30多年后，当这些当年所谓“差生”个个满面春风地来到学校看望他们的老师时，我们深切地体会到教育的美好，那种温暖的场面、惬意的感觉，让我们感觉到教育不仅促进了学生的健康成长，也给所有与之相关联的人与家庭带来了幸福！

教育，是生命的福音！是因为教育不仅给人带来知识、能力，更加重要的是教育能够激发人内在的潜能，启迪人的智慧，促进形成完美的人性，让人变得更自信更阳光更出彩，使人内心深处自发地对生命有所感悟，在真善美的道路上不断追求……

然而，长期以来，有着长远和精神价值追求的教育却在现实功利面前迷失了根本，在我们的教育中，“人”不见了。

教师目中无人，把知识当成了教学唯一目标，把分数当成了衡量学生的唯一标准；学生成了一个“容器”，教师可以任意处置，可以任意摆布；

学生成了分数之奴。我们的教育不是为生活而教，而是为升学而教；我们注重考试需要什么，而忽视生命需要什么！

实际上，教育是一种培养人的活动，所以必须关注人、关注生命，这是因为教育起于生命，教育即生命。教育与人的生命和生命历程密切相关。教育的开展既需要现实的基础——生命个体，又要把提升人的生命境界、完善人的精神作为永恒的价值追求。教育本身就是人的一种生命现象，没有生命也就没有教育。

教育，成为生命的福音，这要求我们在教育价值观上，在重视知识与技能的基础上，更加关注师生的生命发展，重视学生的情感、意志和抱负等健全心灵的培养；在教学目标上，既注重预设性目标，更注重生成性目标，鼓励学生在课堂中产生新的思路、方法和知识点；在教学方式上，不仅要有教有导，更要倡导教师去积极创设情境，鼓励学生自己去自学；在教学过程中，强调教学过程是师生合作学习、共同探讨的过程，是激励欣赏、充满期待的过程，是心灵沟通、情感交融的过程；在教学结果上，不仅要看学生学到了多少知识，有没有“学会”，还要看学生有没有掌握学习的方法，会不会学。同时，更加重要的是还要看学生通过课堂教学，他们的求知欲望有没有得到更好的激发，学习习惯有没有得到进一步的改善，学生的心灵是不是更丰富、更健全了。

总之，教育的根本任务在于最大限度地挖掘人性美，在21世纪的今天，教育应该坚定地履行着我们本真的职责：赏识生命，激励生命，成就生命！去让每一个经历教育的人去享受教育，给每一个接受教育的生命，带去福音！

# 三十 教育即生命

如果我们要根据难易程度对人类的工作进行划分的话，可以把人类的工作划分为人与物、人与事、人与人三个层次，教育工作当然是属于一种人与人、生命与生命之间的交往与对话的活动，其复杂与崇高自然是不言而喻了。

然而，长期以来，在我们的教育中，人不见了。

首先，学生成了“自然之物”，成了一个“容器”，教师可以任意处置，可以任意摆布。

其次，学生成了教育之奴、分数之奴。我们的教育不是为生活而教，而是为升学而教；我们注重考试需要什么，而忽视未来需要什么；我们没有真正把关心孩子作为人的需要，作为未来创造者的需要，教师目中无“人”，把知识当成了教学唯一目标，把分数当成了衡量学生的唯一标准。

最后，教育成了“工具”。教育成为社会的工具，就只能实现其外在价值，而不能实现其内在价值，即提升人自身方面的价值。在现代，尽管教育的地位日益提高，但被提高与重视的是什么呢？“被看好的只是教育带来的经济效益及个人社会地位的彰显。除此之外，教育便没有了立足之地，没有了任何发言权，没有了理论依据。”教育成为工具后，表面上看是提出了自我价值，实际上是丧失了自我，从此没有了自我、自主、自尊、自信与灵魂。对此，日本学者池田大作认为：“现代教育陷入了功利主义，这是可悲的事情。这种风气带来了两个弊病，一是学问成了政治和经济的工具，失掉了本身应有的主动性，因而也失去了尊严性；另一个是认为唯有实利的知识和技术才有价值，所以做这种学问的人都成了知识和技术的奴隶，由此产生的结果是人类尊严的丧失。”教育成为工具后，自然地，教育的对象——人也就成为工具了。工具性教育把人培养成社会政治、经济需要的工具，表现为工具性教育，教人去追逐、适应外在世界，教人掌握“何以为生”的知识与本领，但却对教育本体功能即促进人身心健全发展的功能放弃了作为，也放弃了“为何而生”的思考。

存在的就是合理的。“目中无人”的教育，为何能在社会历史发展的长河中，久占一席之地呢？

教育是满足人的需要，促进人的发展的，但人的发展是需要一定的基础与前提的，那就是首先人必须生存下来，所以教育满足人的需要，首先是满足其生存的需要。教育必须为有用而进行，教育必须发挥其保存人类自身和个体谋生的价值，也就是说，在人类历史发展的一定阶段，教育必须适应社会和人类“为生存而战”的残酷现实，必须为社会服务，传授人类社会生存和生活必备的基本的生存和生活的知识和技能，“为生存而教”，否则别说教育，就是人类自身都将难以为继。彼时彼刻，教育沦落成为社会和人类的“工具”，是有其现实必要性和合理性。

而人类“为生存而战”的历史，是一个漫长的历史过程，即使是历史发展到今天，人类社会并未完全地脱离“为生存而战”的现实，放眼看当今世界，生活在饥饿、贫困下的人们并不是一个小数目，所以这就不难理解，为什么我们现在的许多学校的教育，还在唯分数、唯升学、唯就业论。实际上，教育的压力来自社会的压力，生存的压力，教育的竞争来自社会的竞争，生存的竞争！

然而，随着人类的进化，社会的进步，物质的丰富，人类精神需要的提升，对于教育的需要，已开始发生根本性的转变，已开始从以生存价值、功利价值为主转向以满足精神需要为主，人们随着温饱的解决逐渐把精神的完善作为追求的目标，从而达到精神上的满足与享受。这种教育“不是因为它有用或必需，而是因为它是自由的和高贵的”。此时此刻，人需要教育，不是为了谋生或成为社会期望的人，而是为了自身的精神需求，为了丰富自己的生活，为了自身未来的长远发展，得到一种精神上的满足与享受。“为享受而教”，理应成为人类社会历史发展的必然选择。

可是，社会历史发展对教育的要求，并没有成为教育发展与改革的内在动力，教育仍旧在走着自己的道路而“目中无人”；仍旧在沿袭已沿用了几千年的传统而注重分数；仍旧在“知识课堂”的框架中而不能自拔。这不仅是我们教育的悲哀，同时也是我们人类的悲哀！

正如马克思所言：“一个种的全部特性，种的类特性就在于生命活动的性质，而人的类特性恰恰就是自由自觉的活动。”在这里，马克思把“自由”归结为类生命的特征。自由的生命不是超验的，而是体现在人的活动中。“这种自由见之于活动，恰恰就是劳动。”而教育，恰恰就是这种让人类通向自由的“劳动”。教育就是通过引导人自觉求真、求善、求美而造就“自由人”。真的教育，教人掌握真知和探索真理的方法，具有科学探索的精神，教育的过程就是个体不断地认识客观外部世界的过程，它为人们自由活动奠定了基础。善的教育，教人追求合理的目的，关怀人生的终极意义，实现自身的价值。美是真的超越和善的统一，美的王国就是自由的王国。在个体的活动具备外在尺度（真）和内在尺度（善）后，就能够“按照美的规律来塑造”世界。美的教育，不是教人一种美的知识和技能，而是在美的教育过程中，使精神上体验到一种“美”的享受。教育，通过教人“求真”“向善”“粹美”，从而造就了一种自由人格，造就了活动中的自由人。

教育关注人，关注生命，是由于教育起于生命，教育即生命。教育与人的生命和生命历程密切相关。教育的开展既需要现实的基础——生命个体，又要把提升人的生命境界、完善人的精神作为永恒的价值追求。教育本身就是人的一种生命现象，没有生命也就没有教育。人的完整的生命是教育的起点，人的生命的自然特性决定了教育“何为”的界限，同时，人的生命的超越特性又为教育“为何”留下了大有作为的空间。教育受制于生命发展的客观规律，它必须遵循个体身心发展的规律来进行。人的生命特性决定了对于生命的理解必须“以人的方式”才能把握。20 世纪生命哲学家关于生命的思考就证明了这一点。生命逐渐从纯生物的含义演变为具有本体色彩的哲学术语。生命从其本能的生物学意义逐渐演变为冲动、直觉、情感和欲念，具有越来越浓的非理性色彩，人们逐渐认识到非理性是比理性更加基础的东西，生命的非理性是理性寄居的土壤。同时，生命也是人存在的原始起点，意味着人原始的完整与和谐。它不是外在的、给予的，而是人的存在直接和内在的呈现过程。换言之，不是作为一种自然现象的外在生命，而是作为反思主体的人内在体验、领悟到的生命。体悟、直觉、反思是把握生命实在的内在基础。这种内在生命超越了外在生命的被动性，获得了主动参与的能动性。我们必须认真思考教育和生命的关系，力求使他们达到高层次的默契与和谐。

不仅如此，教育在提升完善学生生命的同时，也在完善提高教师的生命。教育在为学生生命奠基时，恰恰也在为教师的生命奠基，在“生命教育”观念里，教育不是牺牲，而是享受；教育不是重复，而是创造；教育不是谋生的手段，而是生活的本身。在“生命教育”里，生命的蜡烛在照亮学生的同时，也照亮教师自己……

教育是塑造人的事业！教育是灵魂与灵魂的对话，心点燃心的燃烧，智慧与智慧的碰撞，教育就是在这种对话、燃烧与碰撞中，充满了对教育的理解，充满了对心灵的关爱，学生们，因为这样的关爱而成长，教师们，因为这样的碰撞与关爱而幸福！

教育的根本任务在于最大限度地挖掘人性美，已迈入人类文明高度发达的教育，在21世纪的今天，应该坚定地履行着我们本真的职责：赏识生命，激励生命，成就生命！去让每一个经历教育的人享受教育。这是我们的期待，也是我们深深的祝愿！！

# 三十一　生命各不相同，各有精彩，没有可比性

人与人之间表面上看上去相差不大，内心里却千差万别。有的人心怀天下，豪情万丈，不断进取；有的人随遇而安，得过且过，只求小成；还有人贪图享受，坐享其成，不思进取……芸芸众生，各不相同，各有优势和特长，没有可比性。

在芸芸众生中，你想成为大树，就不要和草去比。短期来看，草的生长速度和树相比，肯定是草的长势明显，但是几年过后，草换了几拨，但是树依旧是树。所以这个世界上只有古树、大树，却没有古草、大草。做人、做事，重要的不是一时的快慢，而是持久的发展力。

真正的独一无二，在看不见的地方。最初我们看树，只关注树冠的造型是不是好看，后来开始关注树干，现在我会更注重树根，因为只有根是独一无二的。伟大的企业，常常被模仿，却很难被超越，因为你看得见它的产品、服务，甚至技术，却看不见它的文化价值观。人与人之间的最根本的区别，不是身高，也不是长相，而是看不见的思想。

朝着同一个方向，向阳生长。一棵树上的枝叶生长是有方向的，它们

都会向着阳光，不断生长。

无论是大公司还是小团队，力都朝同一个方向使，才见最佳成效。一个人也如此，专业发展，一辈子能够做好一件事就已经很了不起了！

尊重每一棵树的天性。高明的园艺师，不是能把任何树都变成自己想要的样子，而是尊重每一棵树的天性，让枝叶得到最合适的发挥。每棵树都有自己的内生力量，枝头一长出来就把它剪掉，就好像“让一个有抱负有发挥的人刚一开口就闭嘴”一样，会让他无所适从。人，有大才，有小才，管理者的职责，是给他们最适合的位置和发展空间，让他们发挥出最大的能力。我们再也不要去做“让一个个有个性的人，变成一个个没有个性的人”的事了，社会的美好就是能够让百花齐放、个性纷呈！

做人，永远要记住，在某一个高度之上，就没有风雨云层。如果你生命中的云层遮蔽了阳光，那是因为你的心灵飞得还不够高。

人与人的差别，比人与动物的差别大得多，人各不相同，各有精彩，没有可比性！我们所能做的就是把自己的优势充分发挥出来，做最好的自己，成就自己，造福社会。

# 三十二　人生在世，尽量不要去麻烦别人

我们身处一个人情社会，朋友的朋友也是朋友。过去，遇到事要办，第一想法可能就是找关系，想想有没有能帮到自己的亲戚朋友，我托你走个关系，你托别人帮个忙，实在不行送个礼把事办了。这样的办事风格虽说扩大了交友圈，但也让很多人办事变得难了，人际关系也变得复杂了。

随着时代的发展和社会的进步，这种观念也在逐步改变，也有很多人希望自己尽量不要去麻烦别人。

我们先来看看著名言情作家琼瑶写给子女的一封公开信（节选）：

亲爱的中维和锈琼：

……这漫长的人生，我没有因为战乱、贫穷、意外、天灾人祸、病痛，种种原因而先走一步。活到这个年纪，已经是上苍给我的恩宠。所以，从此以后，我会笑看死亡。

我的叮嘱如下：

一、不论我生了什么重病，不动大手术，让我死得快最重要！在我能作主时让我作主，万一我不能作主时，照我的叮嘱去做！

二、不把我送进“加护病房”。

三、不论什么情况下，绝对不能插“鼻胃管”！因为如果我失去吞咽的能力，等于也失去吃的快乐，我不要那样活着！

四、同上一条，不论什么情况，不能在我身上插入各种维生的管子。尿管、呼吸管，各种我不知道名字的管子都不行！

五、我已经注记过，最后的“急救措施”，气切、电击、叶克膜，这些全部不要！帮助我没有痛苦地死去，比千方百计让我痛苦地活着，意义重大！千万不要被“生死”的迷思给困惑住！我曾说过：“生时愿如火花，燃烧到生命最后一刻。死时愿如雪花，飘然落地，化为尘土！”

我写这封信，是抱着正面思考来写的。我会努力地保护自己，好好活着，像火花般燃烧，尽管火花会随着年迈越来越微小，我依旧会燃烧到熄灭时为止。至于死时愿如雪花的愿望，恐怕需要你们的帮助才能实现，雪花从天空落地，是很短暂的，不会飘上好几年！让我达到我的愿望吧！人生最无奈的事，是不能选择生，也不能选择死！好多习俗和牢不可破的生死观念锁住了我们，时代在不停地进步，是开始改变观念的时候了！生是偶然，死是必然。谈到“生死”，我要告诉你们，生命中，什么意外变化曲折都有，只有“死亡”这项，是每个人都必须面对的，也是必然会来到的。那么，为何我们要为“诞生”而欢喜，却为“死亡”而悲伤呢？

我亲爱的中维和锈琼，这封信不谈别人，只谈我，热爱你们的母亲，恳请你们用正能量的方式，来对待我必须会来临的死亡。时候到了，不用悲伤，为我欢喜吧！下面我要叮咛的，是我的“身后事”！

一、不要用任何宗教的方式来悼念我。

二、将我尽速火化成灰，采取花葬的方式，让我归于尘土。

三、不发讣文、不公祭、不开追悼会。私下家祭即可。死亡是私事，不要麻烦别人，更不可麻烦爱我的人；如果他们真心爱我，都会了解我的决定。

四、不做七，不烧纸，不设灵堂，不要出殡。我来时一无所有，去时但求干净利落！以后清明也不必祭拜我，因为我早已不存在。何况地球在暖化，烧纸烧香都在破坏地球，我们有义务要为代代相传的新生命，维持一个没有污染的生存环境。

五、不要在乎外界对你们的评论，我从不迷信，所有迷信的事都不要做！“死后哀荣”是生者的虚荣，对于死后的我，一点意义也没有，我不要“死后哀荣”！后事越快结束越好，不要超过一星期。等到后事办完，再告诉亲友我的死讯，免得他们各有意见，造成你们的困扰！“活着”的起码条件，是要有喜怒哀乐的情绪，会爱懂爱、会笑会哭、有思想有感情，能走能动，到了这些都失去的时候，人就只有躯壳！

中维，锈琼！今生有缘成为母子婆媳，有了可柔可嘉后，三代同堂，相亲相爱度过我的晚年，我没有白白到人间走一趟！爱你们，也爱这世上所有爱我的人，直到我再也爱不动的那一天为止！我要交待的事，都清清楚楚交待了！这些事，鑫涛也同样交待给他的儿女，只是写得简短扼要，不像我这这么唠叨。写完这封信，我可以安心地去计划我的下一部小说，或是下一部剧本！可以安心地去继续“燃烧”了！亲爱的中维和锈琼，我们一起“珍惜生命，尊重死亡”吧！

切记我的叮咛，执行我的权利，重要重要！

你们亲爱的母亲：琼瑶

写于可园

2017 年 3 月 12 日

读了这封信后，多少人潸然泪下，信中交代了自己的身后事还有一些对子女的叮咛，这是一个伟大的母亲在自己晚年留下的一份“遗书”。字里行间流露出来的是对人生生死的淡然以及人生在世，尽量不要去麻烦别人的执着，“死亡是私事，不要麻烦别人，更不可麻烦爱我的人”！

我从来也是认为，人生在世，尽量不要去麻烦别人，记得在儿子很小读幼儿园的时候，就让儿子能熟练地背诵陶行知先生的话：“滴自己的汗，吃自己的饭，自己的事自己干，靠人，靠天，靠祖先，都不算好汉。”在儿子考上好的中学好的大学以后，也告诉他，人生的努力与奋斗，不是一下子，也不是一阵子，而是一辈子。鼓励儿子勤学苦练、奋发有为，一切靠自己努力，只有这样，实践出真知、实践出才干，才能使自己知识丰富、能力发展、视野开阔、心智成熟、境界提升、人格健全！也只有这样，社会才有进步，国家才能富强，民族才有希望。

# 三十三　寻找爱，不如让自己成为爱

很多人，渴望爱情，渴望成功的人生，希望周围的人都充满爱，但是找来找去，却找不到真正的爱；其实在生活中，与其千方百计去寻找爱，不如让自己成为爱。当你成为爱，一切都会向你涌来。

人有两次生命的诞生，一次是你肉体出生，一次是你灵魂觉醒。当你的灵魂觉醒时，你将不再寻找爱，而是成为爱，创造爱！当你觉醒时，你才开始真实的、真正的人生！

当我们的物质生命开始而精神生命还没有成长，总在寻找爱，希望被爱；当生命成长强大时，懂得爱，成为爱的那一天，生命将不再寻找爱、追求爱、渴望爱。幸福不是找到你爱的和爱你的，而是成为爱本身！

让自己成为爱，利的不仅是自己，还有他人和社会！让自己成为爱吧，这样的话，不仅自己内心充满阳光与温馨、充满着幸福，他人和社会也因为你的存在，而变得更加美好！

歌星韩红的成长历程就是对“寻找爱，不如让自己成为爱”最好的诠释。韩红，1971 年 9 月 26 日出生于西藏自治区昌都市。韩红的父亲是相声演员，在前线慰问演出时因公去世，当时韩红六岁。九岁时，因各种原因，母亲离开韩红，她孤身来到北京，和奶奶相依为命，后来深爱她的奶奶也离她而去，韩红悲痛万分，她说：“（深爱我的）奶奶去世后，已经没人爱我了。那我就去爱那些跟我一样，需要爱却没有爱的孩子。”从此她走上了爱心慈善道路，没有了爱，就让自己成为爱！

2011年，她发起了“百人援助”的公益活动。从内蒙古到西藏，从青海到新疆，她带领百人志愿者深入贫困山区开展送医疗服务。几十年如一日的慈善已经把她的积蓄都捐空了，她只能挨家挨户，卑躬屈膝地求赞助。有一次，为了感谢同行的志愿者们，她在活动圆满结束后，不惜以下跪的方式酬谢众人。

此后，由于常年做慈善，她已经累计捐款超过10亿元，收养了280多个孩子，濒临破产。新冠疫情暴发时，她时刻关注，微博上的信息全是暖心的呼吁和提醒；韩红曾说：“人这一辈子究竟能够得到多少，一点都不重要。重要的是，有一天即将离开这个世界的时候，我可以摸着我的良心问：在你的有生之年，你曾经帮助过多少人，你又曾温暖过多少人。”

当自己成为爱，一切都会向你涌来！韩红的爱心和善举，赢得了人们的爱戴与拥护，她被选为全国政协委员，是国家一级演员，中国宋庆龄基金会理事，韩红爱心慈善基金会发起人，获得了第十三届中国青年五四奖章，2012年评为“感动中国”候选人，第七届中华慈善奖慈善楷模、2016年中国慈善名人榜第一……

# 三十四 接纳自己、愉悦自己

世界上的每一个人都是独一无二的，是别人没有办法取代的，所以不要去和他人比。一则每个人的情况都不一样，无法比，二则这种比较毫无意义，也不科学。德国哲学家莱布尼茨就说过："世上没有两片完全相同的树叶。"其实人也一样，世界上没有两个一模一样的人，即便是双胞胎，也会有差别。物种是有多样性的，人也一样，不能够强求所有人都是一样的。

在这个世界上，每个人都是独一无二的，你可能就是那一粒等待被发现的金子。然而，在现实生活中，人总是会不可避免地、主动或被动地和他人比较，觉得自己不如别人优秀，似乎这辈子自己真的一事无成。事实上，对于我们每一个人来说，命运都是公平的，每个人都有自己的价值，这是毋庸置疑的，我们需要做的就是欣赏自己，认清自己的价值。诗仙李白曾说："天生我材必有用！"俗话说人比人气死人，货比货得扔。用自己的优点去比他人的不足和缺点，比久了，自己就会逐步变得骄傲和自负；用自己的不足和缺点去比他人的优点和特长，它所带给我们的只是失落、沮丧、烦恼、生气，更为关键的是，比较之后，我们会变得不自信，开始怀疑自己的能力，甚至会自暴自弃。所以，不要去和别人比，为自己增添烦恼。我们每个人都是独一无二的，都是不可替代的，每个人的能力或大或小，都是不可或缺的，都有他存在的意义。

智者与庸者的差别在于，智者从来不与他人比较，他们相信自己永远都是独一无二的；而庸者总是沉迷于比较游戏中，他们在比较中丢失自我，满腹怨气，最后，他们成了平庸的人。

不和别人比，要比就和自己比，用今日之我超越昨日之我，每一个今天都要比昨天的自己优秀，每一个明天我们都会变得更好、更优秀，只有这样，人生才会越来越优秀、人生才会越来越精彩。

试想一下，人类社会出现以来，经过了多少战争、天灾人祸、瘟疫疾病……你能走到今天，你不优秀谁优秀，你不行谁还能行？相信自己，任何时候不要轻看自己，你是独特的，你是唯一的，接纳自己，愉悦自己，没必要去和谁做比较，平凡也好，卓越也罢，脚踏实地地去走自己要走的路，踏踏实实、快快乐乐地过好自己的每一天，愉悦自己，和谐社会。

人的一生不要去和别人比，也不要总是悔恨自己的过去，珍惜当下，活在今天，不必站在50岁的年龄，悔恨30岁的生活，也不必站在30岁的经历，悔恨18岁时的爱情，我们不能站在后来的人生高度，去评判年轻的自己，这不公平。如果重来一遍的话，你当时的阅历和心智，还是会做出当初年轻时候的选择。学会接纳不同时期、不同心智水平的自己，愉悦自己，珍惜当下，活在今天，只有这样，你才能具有充实幸福的人生。

有这样的一个故事，说的是有一个农夫临死前，问一位哲学家："我一生劳碌，身心俱疲，但还是一无所获、一贫如洗，是不是虚度一生？"哲学家微笑着说："如果我用万贯家产和你交换你的儿女、妻子，你愿意吗？"农夫微弱但坚决地说："我不会同意的！"哲学家还是微笑着回答道："那你又何必苦恼呢？你拥有的是亲人的爱，他们是你最值得珍惜的东西。"农夫释然地笑了，望着在一旁的爱他的家人，微笑着闭上了眼睛。所以，人生最大的幸福不是追求"未得到的"和后悔自己"已失去的"。人的一生中，从某种意义上讲，会经历太多的拥有到失去的过程，而珍惜现在所拥有的一切，过好自己的每一天，用心体会，感受来自身边的爱，牢牢抓住当下的幸福，才是我们应该牢牢记住的。

# 三十五　学历，只是人生成功的一小步

决定一个人成功的要素有很多，会读书、高学历，只是人生成功的一小步。但是，社会现实中，却有很多人都认为，决定人生成功的是读“名校”，是高学历。高学历高水平，名校生有水平！所以，如果一旦没有被名校录取，失望抱怨者有之，自暴自弃者有之，自杀轻生者也有之……

因高考分数没达到一本录取分数线，17岁的陕西咸阳姑娘小倩（化名）于2016年7月23日从自家五楼阳台跳下，经医院抢救无效，于7月30日凌晨2时左右死亡。

据小倩的母亲讲，高考结束后，小倩的情绪一直不好，常常一个人待在自己的小屋里，也不和人说话。7月23日上午11时左右，小倩的母亲买菜回来发现小倩不在屋里，几个房间都找遍了也没见人，后来才发现小倩从阳台上跳楼了，虽然紧急送往附近医院抢救，但最后还是没有保住孩子的性命。

高考结束后，小倩曾扑到母亲怀里痛哭，称自己这次没考好，根据估分成绩，只能上二本院校。填报志愿时，小倩明明知道自己的成绩不够一本录取线，却只填报了南京某一本学院，二本院校就没填。分数下来后，小倩的成绩为 528 分，根据这一成绩，报考二本院校是有希望的，但小倩说什么也不听家人劝告。小倩也曾答应父母去复读，可怎么也没想到她会走上绝路。

记者在小倩的屋里看到一张字条，上面写着："永不放弃我的北大梦——致自己。"

读名校真的有那么重要吗？决定人成才的根本要素是学历吗？！我们用事实说话：

中国著名企业家王健林，15 岁参军，23 岁被推荐至大连陆军学院学习，31 岁从辽宁大学经济学管理专业成人干部专科毕业；董明珠，芜湖职业技术学院（原安徽芜湖干部教育学院）毕业；马云，考了 3 年才考上杭州师范学院，用现在的话来说，属于二本院校；马化腾，深圳大学毕业，二本……

也有人会说，现在时代不一样了，现在是学历社会，没有学历，寸步难行！还是用事实说话：2010 年 12 月 1 日公布的"中国校友会网 2010 中国大学创业富豪榜"显示，"90 后"的上榜富豪只有 1 人，个人资产达千万以上，是唯一上榜的"90 后"大学生创业富豪丁仕源，现就读于深圳职业技术信息学院，2010 年财富高达 1200 万元。

还有人会说，经商这个行业能否成功，根本的还不是看学历，但其他行业特别是学术研究领域，要成功的话，可能学历最重要了！但是看过这些学历低得惊人的大师，你的看法一定会有所改变。

国学大师陈寅恪的正规学历是吴淞复旦公学毕业，那时的复旦公学还不能算作正规大学，也不授予学位。陈先生自己认为，该校相当于高中程度。

钱穆被称为中国当代最后的大儒，然而这位大师连中学都没有毕业。

刘半农因为其过人的才情和勤奋被世人称为“江阴才子”“文坛魁首”。他和钱穆一样，中学时在常州府学堂学习，但出于对保守教育体制的失望，刘半农在快要毕业前一年选择了退学，拿了一张肄业证。

梁漱溟的一生充满了传奇色彩，但最令人津津乐道的是，他到北京大学教授印度哲学的时候，还只是一个中学毕业生的身份。

我国近代文学巨匠沈从文先生的学历只是小学，可他创作发表了《边城》《长河》等五十多部文学著作和《唐宋铜镜》等6部文物论著。他还先后在武汉大学、青岛大学、西南联合大学、北京大学任教讲学，并进入诺贝尔文学奖的终审名单。

华罗庚，不错了，初中毕业。

著名文学家、翻译家金克木先生一生只拿过小学文凭，少年时，在安徽寿县第一小学毕业后，读了一年中学，便因家道败落而不得不辍学。

在书画、古典文献、文物鉴定方面堪称大师的启功先生，给自己撰写的墓志铭开篇便写：“中学生，副教授……”是的，不用怀疑，他中学没有毕业，就开始了职业生涯。

画坛巨擘齐白石没有上过一天学，自然没有学历。鲁迅先生也仅仅是中专学历，巴金是成都外国语学校肄业生，但这并不妨碍他们成为一代大师。

……

正如陈丹青在《文凭是平庸的保证》一文中所说："受过小学教育而能做成一些事情的人，太多了；受了大学教育而一事无成的人，也太多了。'学历'与'成就'应是正比？不是这样的。真正有效的教育是自我教育。"

看来，决定一个人成功的最根本要素不是高学历，也不是名校，而是你有没有远大的理想与追求，有没有对他人、对社会、对民族深深的爱，有没有坚强的意志以及百折不挠的精神，一句话，决定一个人成功的最根本要素是一个人具有健全的心灵！因为在同样的环境和条件下，每个人发展的特点和成就，主要取决于他自身的心理素质，取决于他心灵是否健全，这是因为人只有具有了健全的心灵，才可能有目的地、主动地去发展自己，自觉确定预定目标并为实现预定的目标克服困难、自觉奋斗，这是健全心灵推动人发展的高度体现。

北宋司马光在《资治通鉴》中由智伯的故事引出关于人才标准的精辟的论述。

> 智伯之亡也，才胜德也。夫才与德异，而世俗莫之能辨，通谓之贤，此其所以失人也。夫聪察强毅之谓才，正直中和之谓德。才者，德之资也；德者，才之帅也。……德胜才谓之"君子"，才胜德谓之"小人"。……君子挟才以为善，小人挟才以为恶。挟才以为善者，善无不至矣；挟才以为恶者，恶亦无不

至矣。……自古昔以来，国之乱臣，家之败子，才有馀而德不足，以至于颠覆者多矣，岂特智伯哉！故为国为家者苟能审于才德之分而知所先后，又何失人之足患哉！

生活中，我们也经常说：德才兼备是极品，有德无才是次品，无德无才是废品，有才无德是危险品。

一个人的能力很重要，可有一样东西比能力更重要，那就是人品。人品，是人真正的最高学历，是人能力施展的基础，“有大德才有大智慧”。大德是什么，是国家情怀、社会情怀、人文情怀，没有这种大德就不会有大智慧。生命能否更好更快地成长，主要有赖于其本身的情怀与追求，大情怀才会有大智慧大成长；情怀和境界是决定人生和事业高度的重要因素，也是推动人发展的重要因素。在同样的环境和条件下，每个人发展的特点和成就，主要取决于他自身的情感意志与抱负，人一旦有了家国情怀、坚定意志和远大理想，就会有目的地、主动地去发展自己，并自觉确定预定目标并为实现预定的目标克服困难，自觉奋斗，这是人的崇高思想、高尚境界、远大理想推动人发展的高度体现。生命如果没有内在人格、家国情怀、自我意识的觉醒，外在的所谓各种荣耀对人的学习与成长所起的作用不仅是短暂的，而且就人的终身发展而言是极其有害的。

人品和能力，如同左手和右手：单有能力，没有人品，人将残缺不全。人品决定态度，态度决定行为，行为决定习惯，习惯决定着最后的结果。人品意义深远，没有人会愿意信任、重用一个人品欠佳的人。好人品已成为现代人职业晋升的敬业标杆与成功人生的坚实根基。

人格是做人的品牌。人格如金，纯度越高，品位越高。做人一辈子，人品做底子。道德可以弥补智慧上的缺陷，但智慧永远弥补不了道德上的缺陷。人的两种力量最有魅力：一种是人格的力量，一种是思想的力量。品行是一个人的内涵，名誉是一个人的外貌。做人德为先，待人诚为先，做事勤为先。公道正派，是一种人格情操、一种思想境界，是做人的第一修养、第一准则、第一信条。贪欲是修身养德的大敌。个人自重，不贪财、不贪色、不贪利；对人尊重，重人格、重劳动、重权益；办事稳重，讲原则、讲程序、讲效率。正直和诚实是安身立命的根本。

人品好的人，能宽容有过于自己、对自己有成见的人，会得到更大的帮助和回报。

人品好的人，做人有厚度、有气度、有纯度，对批评有风度，对朋友有温度，对是非有尺度。

人品好的人，做人有志气，做事有底气和正气。靠素质立身，靠勤奋创业，靠品德做人。困难面前先让自己承担，荣誉面前先让自己靠边，危险面前先让自己闯关。对上级不媚，对同级不损，对下级不伪，对自己不私。

人品好的人，有欣赏别人的境界，有善待别人的胸怀，有关心别人的品质，有理解别人的涵养，有帮助别人的快乐，有学习别人的智慧，有团结别人的能力，有借鉴别人的收获。

人品好的人，做人德为先，待人诚为先，做事勤为先。

人品好的人，立身靠信，立业靠勤，立世靠才，立功靠拼。容言勿压制，容过勿苛求，容嫌勿报复。

# 三十六 想好的，听好的，看好的，说好的，做好的，最后你一定是得到好的！

每天都想好的，内心充满真善美，精神愉悦，你一定身心健康，因为善念益身。

有一篇科研报告，是美国的威廉博士撰写的。他在文中指出：凡是愉快的心情，纯洁的信念，都能使这种液质澄清洁净，使生理产生变化，而得到健康快乐。反之，恶念能使身上某种液质变成毒素，渗入器官，以致身体组织崩溃，而发生疾病。

在神经化学领域，科学家发现：心怀善念和积极的想法，人体就会分泌让细胞健康的神经化学物质，人体的免疫细胞也更加活跃，所以比较不容易生病；而心存恶念和消极的想法则恰恰相反。

神经化学研究中发现，人在正向、积极思考与负向、消极思考时所使用的神经系统居然是相反的，而且是互相抗拒的。也就是说，当一个人的思考是善念、乐观、祥和、感激、快乐时，人脑中的正向思考的神经系统就会产生作用，而另一套负向思考的神经系统则被抑制住。相反地，当一个人心中充满了仇恨、悲伤、沮丧、恐惧、妒嫉时，负向思考的神经系统就会被激发而产生作用，而与此同时，正向思考的神经系统却被抑制住了。

另外，科学家们实验证明，正向思考的神经系统所分泌的神经传导物质，具有刺激细胞生长发育的功能，能让人体的免疫细胞也变得活跃，能再分化出更多的健康的免疫细胞，对于外来的细菌或病毒当然也就比较有抵抗力，人也就比较不容易生病。

如果能够经常保持善念和乐观祥和的心态，避免恶念和负面的情绪，那么正向思考的神经就会时常被激活，免疫系统越来越强健，于是形成了一个良性的循环，身体就越来越健康。相反经常产生不好的想法，则会形成恶性循环。

如果你每天都想坏的，内心充满假丑恶，你一定精神痛苦，因为恶念有毒。

在我国也有一句话“相由心生，境随心转”广为流传，意思是你的面相是长得很凶恶还是很和善，那是由你的心是善是恶而来的，你的意境或意念是随着你的内心（想法）在变化的。在现实生活中，为什么心地善良的人，他所长的相貌就和善；心地凶恶的人，所长出的相貌就狡狯呢？这就反映出了一条亘古不变的哲理——相由心生。

“心”是人们常说的内心深处的思维活动。内心里想的什么，在五官上就能表现什么。当一个人内心有兴奋的或有使人高兴的事情，这个人就笑口常开，让别人一看便知道在他身上一定有喜悦的事情发生。相反当一个人有悲伤的事情发生，表现在他面上则是哭丧的表情。总之，人的喜、怒、哀、乐、悲、思、恐、惊无不表现在五官相上，五官就是一个很精确的测量仪。

伟大的印度哲人，悟道者奥修在一本书中讲到这么一个故事：很多很多年以前，在某一个国家，有一个很有名的年轻画家，他决定要制造出一幅真正伟大的画像，一幅活生生的画像，充满着神的喜悦，一个人的画像，他的眼睛发出永恒的和平之光，因此他就出发去寻找那个脸上反射出永恒的天上之光的人。这个画家走过一个又一个村庄、翻过一座又一座山峰，寻找他的目标，最后碰到一个牧羊人，他有着一双发亮的眼睛，面孔和表情都带着天国的韵味，只要看一眼就足够，神仿佛存在于这个年轻人身上。画家画了这个年轻人的画像，这张画被印了好几百万份，广为发售。

过了 20 年，画家老了，他决定再画另一张画像，他的经验告诉他，生活并非都是美好的，魔鬼也同样存在于人里面，他一直有一个想法，想画个完整的人，他已经画了一张神的画，现在他想画一张罪恶的化身。他又开始寻找，他到赌窟、酒吧、疯人院去寻找，这个人必须充满着地狱之火，他的脸上必须表现出所有的罪恶、丑陋和残酷。经过漫长的寻找，这个艺术家终于在监狱里碰到一个犯人，这个人犯了七次杀人罪，被判绞刑，几天之内就要执行，在他的眼睛里很容易就可以看出地狱的形象，他的眼睛射出恨，他的脸是一个人能找到的最丑的脸，因此画家开始画他。

当他完成这张画像，把以前的那幅画拿出来放在新画像的旁边作为对照，从艺术的观点来看，很难评判出哪张画得比较好，两幅画都好极了。他站着注视这两幅画，然后他听到有人在暗中哭泣，他转过头来看到那个被链条拴住的犯人在哭泣，画家觉得很迷惑，他问道：“我的朋友，你在哭什么？是不是这张图画扰乱了你？”那个犯人说，我一直想瞒着你，但是，你显然不知道你第一张画像画的也是我，那两张画像所画的都是我，我就是20年前你在山里碰到的牧羊人，我哭泣是因为我这20年来的堕落，我从天堂掉到了地狱，从神到魔鬼。

不管奥修讲的故事真实性如何，但有一件事可以确定；每个人的生活都有两个相反的面，每一个人都可能有两张画，在每个人的心里面神和魔鬼两者都存在，在每一个人的心里面有天堂的可能，也有地狱的可能。我们可以观察一下自己身边的朋友、亲人，当他被喜悦所包围的时候，他的脸是那么美丽；而当他心情极坏，暴跳如雷的时候，他的脸是那么狰狞、丑陋。我们每一个人都有切身的感受，在我们心情很好的时候，周围的一切都是那么美好，见到的每一个人都是那么美丽，小鸟的叫声也变成悦耳动听的歌声，这时候一切好运都降临到我们的身上，这时我们听到的总是一些好消息；而在我们心情很糟的情况下，见到的一切都是那么的令人生厌，美妙的音乐也变成了噪音，一切都是那么糟糕，听到别人说话，就想和他们吵架。这说明什么呢？

一个人的心情的好坏对一个人的影响是如此的不可思议，现在再去回味“相由心生，境随心转”就不难理解了！

其实一个人无论是在喜悦或愤怒的时候，都是生命的同一种能量的两种运动方式。正如前面故事所讲的，这种能量可以使一个人变成神，也可以使一个人变成魔鬼，这种能量在正向运动的时候，人们就变成了神，好运随之而来，我们就会变得幸福美好；而当这种能量负向运动的时候，我们就变成了魔鬼，厄运会随之而来，我们就会生活在痛苦仇恨之中。

我们心地善良，境界提升了，自己的相貌及其他都将变得美好；如果心地还是贪嗔痴、自以为是，那就不可救药了。“相由心生，境随心转”，大自然的变化都掌控在我们的意念当中，这是我们要永远记住的。

善恶有报不只是一句古训、一个道德观念，而且是自然的法则、宇宙的真理。

对一个人来说是如此，对一个社会来说更是这样。当“善恶有报”成为社会常识时，人们就会从内心约束自己不做坏事、不去伤害别人。

我们都希望自己拥有真正的健康幸福，那么首先就让真诚、宽容、祥和的善念来充满我们的心灵吧！每天都想好的、听好的、看好的、说好的、做好的，最后你一定是得到好的！

# 三十七 自己是改变自我生命的主人

人生需要四种修为，才能使自己不断得到提升。一是忍得过。忍一时之气，消百日之灾。二是看得破。最大的淡定，不是看破红尘，而是看透人生以后依然能够热爱生活。三是拿得起。做人要有担当，不推诿逃避，直面惨淡人生。四是放得下。放下偏执，放下抱怨，放下不甘，放下欲望，平平淡淡，简简单单。

初生的路，跟着父母走；学生的路，跟着老师走；社会的路，跟着名人走；这已成了一些人成长的模式。这些人的人生路上唯独缺少了自己。其实，跟着别人是要学会独立，而不是随从，更不是模仿。让心灵中开出属于自己的花，结出与众不同的果，虽然可能要付出代价，经历风雨，但也会让你自豪，让别人羡慕。

成长是一种经历，成熟是一种阅历。每个人都会成长，但不是每个人都会成熟。成熟的人，不为得而狂喜，不为失而痛悲，竭心尽力之后，坦然接受而已；成熟的人，不因功成名就而目中无人，也不因籍籍无名而卑躬屈膝，持一颗平淡的心，不卑不亢地生活；成熟的人，能够担当，懂得感恩，心静气和，淡定从容。

在我们的成长过程中，赏析别人是一种境界，善待别人是一种胸怀，关心别人是一种品质，理解别人是一种涵养！欺骗我们的人增长了我们的见识；绊倒我们的人强化了我们的能力；中伤我们的人砥砺了我们的人格；藐视我们的人觉醒了我们的自尊；斥责我们的人助长了我们的智慧；遗弃我们的人教导了我们的独立；伤害我们的人磨炼了我们的心志。

人生如车，或长途，或短途；人生如戏，或喜，或悲。很多事，过去了，就注定成为故事；很多人，离开了，就注定成为故人。生命中的故人，积攒的故事，这些都是历练。人就是在历练中慢慢成熟的。一些事，闯进生活，高兴的，痛苦的，时间终将其消磨变淡。经历得多了，心就坚强了，路就踏实了。

千万不要把自己的软弱展现给别人看；千万不要把自己的狼狈述说给别人听；因为根本没有人会觉得你很可怜，只会觉得你很无能很没用。事情要学会自己承担，因为没有人会帮你；要学会坚强，因为凡事都要靠自己！

靠自己，能使自己不断成长、不断坚强！还会使自己的经验不断丰富、心智不断成长、人格不断健全！

有一次，在儿子就读的高中学校家长会上，班主任老师要我介绍一下自己的家教体会，因为自己实在是为儿子付出得太少，所以我只能如实地介绍了自己的一些做法，概括为六个字。一是“靠自己”。对孩子，我从小就培养他的自尊、自立、自强、自信的精神。记得在他小时候，就让他背诵陶行知老先生的《自立歌》：“吃自己的饭，流自己的汗，自己的事自己干。靠天靠地靠祖先，都不算好汉！”在家教实践中，我们也是这样做的，儿子自己能做的，都要他自己做，我们从不越俎代庖。同时从小就培养他吃苦耐劳、不怕困难的精神。记得有一次，我带着他爬家后面的塘朗山，从早上9点一直爬到下午3点，路途中经过了许多困难和险境，现在想起来都还有点后怕，毕竟那时候的儿子才五六岁呀！二是“我爱你”。爱孩子是父母的天性，但有些父母只爱优秀的孩子，但真正的父母之爱，是不管孩子美丑、成败、聪明与否，我都爱你。儿子在小学的时候，聪明伶俐、活泼可爱，但天性贪玩，老师甚至许多亲友总是批评他，我却觉得小孩就应该多让他玩，特别是在小时候！所以我总是鼓励他、安慰他，让他有安全感。后来在不被所有人看好的情况下，他以全校第一名的成绩考入了深圳市最好的一所初中学校。进校后，由于各种原因，他的成绩一落千丈，几年不见起色，在这种情况下，我帮他分析原因，寻找对策，不断鼓励他、鞭策他，但终究因为落下太多，中考没有考好，只进入了一所普通的高中，成绩在一千多名学生中，排名在800名以后。对此，我也没有埋怨责备他，而是鼓励他，人生一辈子。不可能一帆风顺，碰到挫折与困难，是很正常的事情，只要自己相信自己，自尊、自立、自强、自信，就没有不可战胜的困难。通过儿子自己的努力，他的成绩从800多名，不断地向前迈进，现在已经进入全校的前20名，按照他自己的愿望是进入全校前3名！

靠自己，能激发自己内心的无限潜能，能将自己的目标不断放大，能成就一种精神境界！靠自己，最终形成的是一种自尊、自信、自谦、自持的精神；是一种关心人、关心社会、关心大自然的情怀，是一种自强不息、乐观向上、心胸宽广的气质。

# 三十八　靠自己、我爱你

今年寒假期间，在北京读大学的儿子回来后，准备去学开车，学会驾驶拿到驾照后，面临的首要问题就是“购车”的问题。

和儿子谈起这个问题后，儿子的回答让我意想不到，也让我温暖与心疼！儿子对我说：“老爸，不要浪费钱，不用给我买新车，只要把您的旧车给我开就行了，您太辛苦了，您去换一部新车吧。”从他淡定的不假思索的回话中，我读到了他内心中埋藏已久的对自己父亲长年辛苦的观察及对父亲发自心底的关爱。

爱自己的孩子，是天底下所有父母的共同心愿！但是，怎么样来爱孩子，一千个父母就会有一千种爱法。

记得孩子小时候，也有一些不合情理的要求和愿望，比如在家里不喝水，一到外面就闹着要买饮料喝；保姆做好了饭菜，不合口味又要保姆去做。在这些看似小的问题上，我没有迁就孩子，并抓住机会教育孩子要尊重别人的劳动，体惜大人的艰辛，不能浪费等道理。还从小就教育他作为一个好男儿，必须自尊、自立、自强。

孩子小学毕业时，以全校第一名的成绩考取了市外国语学校初中部。初中三年，由于各种原因，孩子的学习成绩并不理想，中考时，只考取了当地一所很普通的学校。面对这种情况，孩子内心的失落、沮丧甚至痛苦是可以想象的！作为父亲的我，此时更应该支持和鼓励孩子，所以我和孩子说，老爸理解你的心情，但老爸绝对相信这不是你想要的结果。人生一辈子都在路上，我们的努力不是一阵子，更不是一下子，而是一辈子。我们不能因为一次的失利、一段时间的落后而不相信自己，更何况自己身上还有许许多多别人没有的优势和特长……同时也和儿子商量，要不要一个学期后转到一所录取分数更高的学校去？想不到的是，儿子的回答令我欣慰："不用转了，到什么学校都要靠自己努力！如果自己不努力，转到什么学校也不行！"

秉持着"一切靠自己"的想法，儿子在高中阶段，各方面都取得了较大的进步，学习成绩也从入学时的全年级800多名，逐步地提高到第一学期100多名，第二学期前100名，第三学期前50名，第四学期前20名，一直到高考结束，儿子的成绩一直都保持在全年级前20名，并且最终以优异的成绩考上了自己理想的大学。

儿子的成长让我思考，如果当初对孩子不严格一些会怎样？如果一味地迁就、宠爱、放纵孩子又会怎样？如果孩子一遇到困难，父母就千方百计地代劳而不是主要靠孩子自己去想办法解决，又会怎么样？可能孩子眼前是舒适了、满足了、快乐了，可是未来呢，长期呢，父母老了，没有能力了，不在了呢？

看到过很多的家庭案例，父母小时候对孩子的迁就、宠爱、放纵，换来的是小孩长大时的自私、骄纵、蛮横、冷酷与无情，甚至是灭绝人性。

确实是，孩子的教育，小时要严格，大时应宽松。因为孩子小的时候最依赖父母，也最容易接受父母的影响。等孩子逐渐长大了，父母这个时候要逐渐放松，学会退出，让孩子逐渐有自主的机会，不断学会自我管理。然而，在现实中，许多的父母则恰恰相反，从小惯，长大管。由于从小没有好好教育，导致孩子一身的毛病，等孩子长大了，父母一看大事不好，反而开始管了。孩子年纪越来越大，但获得的自由不是越来越多，而是越来越少。这种反人性、反成长的做法，自然会激起反叛。更糟糕的是，这些家长为了改正孩子的坏毛病，往往又操之过急，最终导致了许多悲剧的发生。

儿子的成长，也让我感到欣慰与骄傲。在这个过程中，孩子肯定经过了一番煎熬、一番奋斗、一番成长；作为父母，也自有一番歉疚、一番心疼、一番挣扎！但毕竟看远看大的良苦用心有所收获，内心的喜悦是无法言表的。

所以，当儿子就读的中学要我做家庭教育经验介绍时，我才会自豪地给家长们说，也没有什么家庭教育经验，要说有就六个字：靠自己，我爱你。

# 三十九　珍爱生命、敬畏法则

## 一

史书记载，明太祖朱元璋问大臣："天下什么人最幸福？"群臣众说纷纭，有人说功成名就的人最幸福，有人说富甲天下者最幸福，朱元璋听后面露不悦之色，有一个大臣叫万钢，说："皇上，畏法度者最幸福。"朱元璋大悦。畏法度者最幸福，就是说敬畏法纪法则、遵守社会和自然的规律和法则，不肯做违法乱纪事情的人不会提心吊胆，自然就心安理得能过上幸福的生活。

不仅人与人之间、人与社会之间要互相珍惜、敬畏法则才能幸福和谐地生活在一起。人与自然、人与动物之间也一样要珍爱生命、敬畏法则才能和谐相处，否则人类将陷入无穷无尽的灾难和大自然对我们的报复之中。

在过去漫长的历史过程中，人类尽管在理性上并没有认识到，维持生态平衡是人类自己生存与发展的必需。但由于当时社会生产力水平的极端低下，所以人与动物之间、人类与环境之间相对来说还是处于一种平衡和睦的状态。可是自从18世纪下半叶起，经过19世纪，到20世纪初，首先是英国，而后是欧美、日本相继实现了工业革命。蒸汽机的使用与推广，引起了整个工业生产的大变革，近代的大工业代替了工厂手工业，生产力得到了迅速提高。使人类从对自然的依赖恐惧和唯命是从，发展到利用自然资源创造财富、发展经济，俨然成了地球的主人。但是由于人类没有认识到保护生态平衡的重要，只知一味地去追求高速的经济发展，甚至成了只追求眼前的物质利益且“近视加蛮干”的经济动物，致使人类所处的环境日益恶化，生态平衡遭到严重的破坏，鸟语花香、热闹的春天变得寂静，许许多多的动物处于灭绝的危险之中。

人类在相当长的一段时期内都在扬扬自得地描绘自己在征服自然过程中取得的一个又一个胜利，字里行间总是扬扬得意地流露出一种思想：那就是认为我们居住的这个地球的自然资源是取之不尽用之不竭的，人类与自然的关系是索取与被开发利用的关系，人类与动物的关系是主人与奴隶的关系，如何用最少的人力和物力在最短的时间内从无尽的宝藏中获得最大限度的利益，就是衡量人类文明进步的重要标志。直到最近一个世纪，人类才开始认识到，在他们与大自然的斗争中过低地估计了自然的力量，在人们欢庆自己的胜利时却忽略了他们在改变自然、主宰动物的同时，由于对环境的冲击而带来的恶果。人们开始觉察到，由于自己的无知和轻狂，在与大自然斗争的策略上已经铸成了大错，因为人类征服自然的胜利，往往是用削弱和破坏他们赖以维持生命的这个星球的资源和环境为代价的。

人类对自然的破坏最突出的表现在两个方面，一方面是把自然环境视为剥削对象，对有限的自然资源实行掠夺式的搜刮；另一方面是把自然环境当作垃圾堆，将人类自己创造的有毒物质排放进人类自身赖以栖身的场所。

自然界生态平衡的破坏，给许多野生动物带来毁灭性的灾难。印度北部山区由于森林资源全部被砍光，引起1978年的特大洪水，结果2000多人被淹死，4万头牲畜被冲走，据估计仅在热带森林中就有276种哺乳动物、345种鸟类、136种两栖动物和爬行动物、99种淡水鱼类受到严重威胁。目前由于生态平衡被破坏，每天都有一个物种在我们这个地球上消失，有人预测世界上现存物种到20世纪末21世纪初至少将有1/6要灭绝，很多野生动物在没有被人类认识以前就消失了！

二

还有一则真实的《小羊藏刀救母，屠夫落泪转行》的故事：辽宁大连市新商报讯5月29日（记者陈璟华）报导：近日，马栏村一家生意兴隆的羊汤馆突然关门歇业，让许多老主顾非常不解。记者通过知情者了解到，原来不久前，这里上演了一出山羊母子生离死别的感人场面，令羊汤馆老板心里难安，最后他决定关掉羊汤馆，不再从事这个行业。

在店门口宰杀活羊，是这家羊汤馆的老规矩，也标榜该店提供的肉质鲜活味美。但据知情者告诉记者，半个月前，羊汤馆的赵老板从一家农户买了一大一小两只羊。这天，赵老板准备先把大羊杀了，让伙计着手准备。伙计把刀放在屋外的长凳上，转身进屋拿盆以备接羊血用，可等他把盆拿出来却怎么也找不到刀了，店里的人都说没看到。

此时，那只大羊正低头流着泪舔舐着小羊，而小羊趴在地上仰脸看着大羊，眼泪已经打湿了眼睛下方的毛。看到这个情景，伙计叫来了老板。赵老板看到这一幕，心头也不禁一颤。回想起卖羊的人曾说过这两只羊是娘俩儿，看此情形，应该是这娘俩儿都知道临别将至，正在依依惜别。为了不让小羊亲眼看到大羊被宰杀，赵老板让伙计拉走小羊。可就在小羊被拽起来的一刹那，伙计在小羊趴着的地方发现了他正在找的那把刀。谁都不知道刀是怎么到小羊身底下的，但在场的人都一致认为，一定是小羊为了阻止妈妈被杀而将刀藏在身底的。

以前也曾听说过牛、马等牲畜在被杀前流泪的事情，但开羊汤馆已五年多的赵老板却是第一次目睹这种事，犹豫再三，他示意伙计留这两只羊一条生路。几天过去了，羊母子流泪惜别的情景总不时出现在赵老板的眼前，让他心里难安。这样经过几天的思想斗争，最后他决定关掉羊汤馆，不再从事这个行业。

小羊藏刀救母，激发了赵老板内心的善念，让他感念世界上所有生命的珍贵，而珍爱生命！

正如恩格斯曾经说过的那样："我们必须时时记住，我们统治自然界，决不像征服者统治异民族一样，决不像站在自然界以外的人一样，相反地，我们连同我们的肉、血和头脑都属于自然界，存在于自然的，我们要对整个自然界的整个统治，是在于我们比其他动物强，能够认识和正确运用自然规律……"

是时候学会爱护动物，与野生动物和平相处了。是时候学会尊重自然，保护环境了。是时候摒弃虚荣、浮躁和无知，回归真实、从容、仁爱的地球主人心态了！因为只有同动物和睦相处、互惠互助，我们才能共同拥有未来的这个地球。因为人类只有一个地球，因为人类只有动物这个好朋友！

天佑中国!

天佑这片土地上的每一个人！！

这是我们的期待和深深的祝愿……

# 四十　完美的生命，是主体性与社会性的完美统一

人是世界的中心，人的这种地位决定了在人与万物的关系中，人是作为主体存在的。主体性是指人在实践过程中表现出来的能力、作用、个人看法以及地位，它凸显的是人的自主、主动、能动、自由、有目的地活动的地位和特性，具体表现为自主性、独立性和创新性；社会性是人的基本属性，社会性在一定程度上也可视为人的社会化程度，作为个体心理发展的重要方面，它存在和发生于个体。人的社会性发展包括个体通过社会学习获得社会生活所必须具备的道德品质、价值观念、行为规范以及形成积极的生活态度和行为习惯，参与社会公共生活和实践形成相关的社会关系和社会属性以及积累社会经验和社会资本，承担社会责任和社会角色形成交往技能和自我调节能力等。概括地说，社会性发展就是人的社会属性系统的不断完善和社会参与能力的逐步提高。它凸显的是人的配合、协调、义务与继承等，具体表现为他主性、配合性和继承性。

现代社会，一个优秀的人，就是一个主体性与社会性完美统一的人，主体性太强社会性不足或者是主体性缺乏只有社会性的人，都不是一个素

质高具备现代性的人。一个真正高素质能在事业上成功的人，既要有鲜明丰富的个性（主体性），又会充分地遵循社会各方面的科学合理的规则和要求（社会性），使自己能在社会的变革中，永远处于不败之中！下面这个故事的主人公，他的遭遇和结果，可能都是由于主体性太强社会性不足所导致的。

江苏省泰州市兴化市戴南镇双沐村五组有一个青年名叫刘汉清，1980年，16岁的刘汉清以398.5分的优异成绩，被哈工大建筑材料系热处理专业录取。在当时很多人眼里，少年的他就是一个“天才”，聪明无比，进入哈工大学习后，前途不可限量。大学前两年，刘汉清成绩优秀，深受老师好评。从大学三年级开始，他迷上了数学。之所以迷上数学，刘汉清说，是受了徐迟的报告文学作品《哥德巴赫猜想》的影响。《哥德巴赫猜想》发表于1979年，轰动了全国。当时，刘汉清正在准备高考，并没有对此过多关注。直到大三时的一天，他才在学校图书馆里无意中读到了这篇文章。这时候，全社会的“陈景润热”已经退了。或许是冥冥中的一种安排，命运向他开启了“另一扇门”，有数学天赋的他，因为这篇文章一头扎进了数论的海洋，并确定自己的研究方向：质数在自然数中的分布。刘汉清越“啃”越觉得其中奥妙无穷、趣味无穷，并立志“要比陈景润做得更好”。

对“数学的研究”，刘汉清达到痴迷的程度。他回忆，最疯狂时，他达到了废寝忘食的地步，吃饭都觉得浪费时间，每天只睡两个小时。与此对应的是，他对热处理专业越来越不感兴趣，只醉心于他的“数学世界”。系主任以及辅导员发现后，找他谈话，让他立足于本专业的学习。实在要研究数学，也要先拿到毕业证书。但老师们的话，他根本听不进去。到大四时，因多门功课“挂科”无法毕业。因“热爱学习”而无法拿到毕业证，这种情况在当时的哈工大甚至全国高校中都是少见的。哈工大从爱护学生的角度给了他一年的时间。然而，这一年，刘汉清仍在研究他的数论。“那时，就像中了邪一样。”刘汉清说。

拿不到毕业证书，刘汉清便享受不到国家“包分配工作”的待遇。而他的同学们很多被分配进了航天工业部或其下属企业。1985年，刘汉清当农民的父亲，用当初送儿子上大学挑行李的那根扁担，从哈尔滨挑回了儿子的行李。

回家后的他，继续沉迷于他的“数学研究”，一干又是20多年，可是，他的研究并没有得到相关领域专家的肯定，有的专家甚至认为他的研究没有什么价值，他自己也在十年前患上了严重的焦虑症，每天要服用大量的安定才能入睡。也是从那时起，他放弃了数论研究。刘汉清现在既无一技之长，又干不了体力活，一直没有结婚，无儿无女，每天吃安定才能睡眠。如今的他仅靠政府每个月400元的低保收入维持生活。

我把这个故事讲给了正在读高中的儿子，问他是如何来看待这件事情的？没有想到十几岁的儿子，思想还挺辩证：“他对科学及事业的执着追求，是值得我们敬重的，我们现在很多人就是缺乏这种献身精神，急功近利；但是，他的人生之路可以走得稍微稳重一些，这样对他个人、家庭、社会或许价值都要大！”

37年，时光将一个本来可以对社会有更大贡献的天才少年变成了今天需要社会帮扶的“低保户”，这里面有太多值得我们去思考的东西。

现实生活中，还有很多“刘汉清”式的人存在，这些人不能说他们不努力，也不能说他们有多么不好，但是他们确实让人觉得不舒服，确实让人觉得难以合作。他们生活在自己的世界中，心理特征明显还体现为“青春期”的特点：只有自己，很少有他人；只认为自己是对的，很难接受别人的意见；常常需要别人来宽容和理解，却很难去理解和宽容别人！也正因为如此，所以他们常常自视清高，常常抱怨怀才不遇，常常责难社会不公，以至于导致自己人生不顺利，人生不出彩，既委屈了自己，也没有成就社会，导致一种个人和社会发展“双输”的局面，令人惋惜、令人痛心！

现代社会，一个高素质的人，就是一个主体性与社会性完美统一的人，就是一个在需要充分发挥个人主体性时能充分发挥个体的自主性、独立性和创新性，在需要充分发挥个人社会性时能充分发挥个体的协调性、配合性和继承性的人。一个人只有达到了主体性与社会性完美统一，才能够不断地完善自我、成就自我，才能够不断地实现自我的人生价值和社会价值，才能够不断地为社会做出更大的贡献！